移动购物时代

中国"00后"时尚消费忠诚度研究

田合伟 著

中国纺织出版社有限公司

内 容 提 要

本书主要研究了生活在中国一、二线城市的"00后"世代消费阶层对移动购物应用的消费体验，调查了影响移动购物应用的外部因素，即移动网络环境特性、移动购物应用特性、关系效益、服务质量、满意度、信赖，基于此探讨这些外部因素对沉浸体验产生何种影响，最后深入挖掘这些因素对忠诚度的影响。

本书角度新颖、语言流畅，适合作为服装从业人员、市场营销人员的参考用书。

图书在版编目（CIP）数据

移动购物时代 ： 中国"00后"时尚消费忠诚度研究 / 田合伟著. -- 北京 ： 中国纺织出版社有限公司，2023.6
ISBN 978-7-5229-0507-5

Ⅰ．①移… Ⅱ．①田… Ⅲ．①网上购物—消费者行为论—影响因素—研究 Ⅳ．①F713.365.2

中国国家版本馆CIP数据核字（2023）第066407号

责任编辑：苗 苗 魏 萌　责任校对：楼旭红
责任印制：王艳丽

中国纺织出版社有限公司出版发行
地址：北京市朝阳区百子湾东里 A407 号楼　邮政编码：100124
销售电话：010—67004422　传真：010—87155801
http://www.c-textilep.com
中国纺织出版社天猫旗舰店
官方微博 http://weibo.com/2119887771
三河市宏盛印务有限公司印刷　各地新华书店经销
2023年6月第1版第1次印刷
开本：710×1000　1/16　印张：10.5
字数：200千字　定价：68.00元

前言 PREFACE

　　2017年，笔者在从事5年高等院校服装设计专业教学工作后，深感需要继续提升学科专业知识素养，故毅然决定继续攻读博士学位。国内服装设计专业博士学位点非常少，在笔者硕士导师李克兢的引荐下，笔者顺利与韩国时尚设计与市场营销研究领域的著名学者李英淑教授取得了联系。李英淑教授早年在日本攻读服装专业学士、硕士和博士学位，学成后返回韩国，担任东明大学设计学科终身教授、博士生导师，长期从事服装设计与市场营销的相关研究，且在该领域颇有建树。

　　笔者在中国长期关注传统服饰文化与现代流行时尚设计的融合创新，以及刺绣、传统服饰品等非物质文化遗产相关研究，对时尚设计与市场营销领域比较陌生。在多次与李英淑教授沟通后，笔者开始关注时尚设计与市场营销领域的相关报道、学术文献和国内外研究趋势，继而发现该研究领域非常有趣，且具有较高研究价值。因此，2017年9月，笔者决定赴韩国攻读博士学位，专攻时尚设计与市场营销研究方向。

　　时尚设计与市场营销在很多国家被当作一个独立专业或者研究方向。2005年左右，在中国的很多高校中这个专业方向曾风靡一时，但是目前从整体来看，国内开设该专业或者该方向的院校非常少，研究和关注该领域的学者也不多。但是法国、英国、意大利等西方国家，以及日本、韩国等亚洲国家的很多知名综合类院校、专业院校依然保留该专业方向，而且招生的热度不减当年。事实上，笔者认为，对时尚设计与市场营销的研究非常有必要、有价值、有意义。时尚设计与市场营销研究方向融合了心理学、社会学、统计学、设计学等多学科知识，相关研究成果引领着设计趋势和消费趋势。

2017年底，笔者正式开始"中国'00后'世代消费者移动购物时尚消费忠诚度"的研究。首先，选择"00后"世代消费者作为研究对象，是基于"00后"世代消费者的独特性以及未来10年间的消费趋势，"00后"世代的出生、成长环境与其他消费群体截然不同，"00后"世代成长于互联网变革爆发时期，因此，研究对象的选择非常新颖。其次，确定移动购物时尚消费为研究主题。2003年淘宝网横空出世，开启了中国互联网购物大爆发时代，由于消费人口基数、产业链等因素影响，网络购物飞速蓬勃发展，一大批学者开始关注互联网购物，推动了互联网购物理论和实践的发展。时尚消费只是互联网购物的一部分，但从占比来看，却不容小觑，中国互联网购物俨然成为世界典范。当前随着互联网技术、智能终端技术的发展，"00后"世代消费者已经处于移动购物时代，因此，移动购物时尚消费研究主题的选定也非常新颖。最后，关于忠诚度研究因子的确定。国外非常重视消费忠诚度的研究，但是国内消费经历了一段粗放式发展，对消费忠诚度的研究也表现出跨越性特点，在一定程度上关于时尚消费忠诚度的研究基础相对薄弱，因此，忠诚度研究因子的确定也是本书的创新点之一。

时至2022年，笔者已然顺利完成博士学业、取得博士学位，研究论文《中国"00后"移动购物时尚消费忠诚度》荣获东明大学年度学术最高奖。历经五年时间，笔者不断深挖并深化该选题，缘于此《移动购物时代：中国"00后"时尚消费忠诚度研究》成书。本书共分为六个章节，包括绪论、研究理论背景、研究模型与研究方法、研究结果、研究结论及研究实例。从理论到实践，从方法到案例，适用于时尚设计与市场营销研究专业方向教学，也可作为相关领域研究参考用书。

由于本人学识有限，难免有疏漏之处，借此陋书，以期与时尚设计与市场营销相关研究者共勉。

田合伟

2022年11月于福州大学集美校区

目录 CONTENTS

01

第1章

绪论

1.1 研究背景

随着网络购物的普及，人们不用出门也可以在网上购买自己想要的东西，这对传统的购物方式提出了新的挑战。在线购物之所以能在短时间内发展得如此迅速，是因为具有以下三个特点：第一，购买没有时间限制，随时随地都可以购买；第二，产品售价低、种类多样；第三，没有实体店等空间限制，可以通过网络平台轻松搜索产品。

从中国的宏观政策来看，近年来，随着网上购物相关政策的集中出台，如《关于推进线上线下互动加快商贸流通创新发展转型升级的意见》，政府正在积极引导线上线下产业融合。"互联网＋"是指通过融合互联网和现有传统产业，利用电子商务探索新的经济增长动力。从海外电子商务的角度来看，2015年中华人民共和国国务院、中华人民共和国国家外汇管理局等相关部门陆续出台了扩大结算限额、调整课税范围、降低关税、提高通关率、防范风险、规范"海外仓库"电子商务方式等政策，为海外电子商务发展奠定了基础。从农村电子商务的角度来看，通过了《关于加大改革创新力度加快农业现代化建设的若干意见》《关于促进农村电子商务加快发展的指导意见》，从政策支持、基础设施建设、人才培养、金融支持、市场规范化等多个方面促进农村电子商务及其相关物流、商务、金融等的发展。

从企业间竞争角度来看，在线零售企业通过网络平台谋求利益，将范围扩大到所有商品类别，满足用户需求。2019年中国在线购买用户数为6.39亿人，比2018年底增加2871万人，增长率为4.8%，高于同期网络用户数增幅的3.0%。与此同时，在线购买用户在网上购买的商品种类越来越多，从服装、时尚、生活用品到珠宝、饰品等，网上购买的商品类别大幅增加。随着网络购物用户数量的增加，其带来的利润也逐渐增加，网络零售企业为了获得更多的利润，正在探索通过扩大商品类别进而扩大消费市场，尽可能满足消费者所有需求。阿里巴巴和苏宁携手进军家电市场，挑战京东独树一帜的地位，天猫和京东进军大型超级市场，电子商务企业中唯品会购物以各种特别折扣和惊喜打折而闻名。目前在线零售平台企业也面临着各种竞争挑战和威胁，他们之间的竞争日益加剧，各个在线零售平台都变成了可以提供"一站式服务"的综合网络购物中心。

从消费行为角度来看，网上购买活跃用户数量持续增加，网络消费中日常支出所占比例也大幅增长。据国家统计局数据显示，2017年在线零售市场交易规模为6.55万亿元，其中移动交易规模为4.6370万亿元，占70.8%。2018年在线零售市场交易规模为 7.69 万亿元，其中移动购物交易规模为 5.7370 万亿元，占 74.6%。2019 年中国整体网上零售交易规模突破 10 万亿元，与此同时，中国网上采购市场的交易活性也进一步增加。从中国新闻网的报道可以看出，在线购买已经成为一种消费模式，特别是通过手机移动交易，网络、移动购物成为中国在线用户普遍的购物模式。

从市场细分角度来看，社交网络服务（SNS）购买和海外直购发展迅速，年均消费金额也大幅增加。从 SNS 购买来看，微商的增长带动了 SNS 消费的发展，据国家统计局最新数据显示，2018 年中国整体在线消费规模为 9.65 万亿元，同比增长 23.9%。其中，实物商品在线零售规模为 7.198 万亿元，增长 25.4%，占社会消费品零售额的 18.4%，同比增长 3.4%；非实物商品在线零售规模为 1.9867 万亿元，增长 18.7%。值得关注的是，2018 年 SNS 电子商务产业进行了大量投资，拼多多、云集商城、蘑菇街等企业的出现是 SNS 电子商务增长的案例证明。据中国互联网协会发布的《2019 年中国社交电商行业发展报告》统计数据显示，2018 年中国 SNS 电子商务市场规模为 1.2624 万亿元，比 2017 年同期增长 84.7%，成为中国在线购买市场的黑马。近年来，中国在线海外直购市场发展迅速，从 2015 年至 2017 年阿里巴巴（ALIBABA）的目标消费者年龄段的分散性来看，"90 后"（1990 年以后出生者）、"95 后"（1995 年以后出生者）消费者数量和消费金额比重每年都在增长，逐渐成为跨界电子商务的核心消费群体。CIF 新闻在中国媒体艾美网发表的《2017—2018 中国跨境电子商务市场研究报告》显示，2017 年中国海外直购用户数为 6500 万人，预计之后将继续保持中、高速增长，2018 年将达到 7400 万人。当时有预测认为，2017 年海外电子商务（包括 2C、2B）产业的整体规模为 7.6 万亿元，2018 年将达到 8.8 万亿元。据王聪（2014）研究的相关数据显示，"80 后"（1980 年以后出生者）消费者的人均海外直购比重在所有年龄段之中最大。这是因为"80 后"消费者已经成为社会的中间层，也不难预测今后"90 后"消费者将成为主力消费者。令人惊讶的是，"95 后"消费者和"00 后"（2000 年以后出生者）消费者的消费规模目前增长最快，不久的将来可能会寻求海外工作，成为网络购物市场的最大消费群体。

中国的线上购买市场近 10 年来不断发展，目前正迎来全盛期，从社会发展的角度来看，中国线上用户的规模今后还会进一步扩大，这将为线上购物的发展创造有利的市场环境。与此同时，以手机为中心的移动市场，也就是说，移动购物这一新的网上购买渠道将崛起。这样一来，网上购物将更加便利，移动购物将为网上购物市场带来更多的潜在消费者。

中国网上购买的典型事例有京东网618购物节、苏宁网818购物节、淘宝11.11（"双十一"）购物节、淘宝12.12（双十二）购物节、VIP购物节等活动，这些网上购物活动的增长源于2009年阿里巴巴集团的天猫"双十一"购物节。2009年，天猫"双十一"打折促销活动创下5200万元的销售纪录，2009年至2019年交易额急剧上升，如表1-1所示。

表1-1 "双十一"购物日交易额及增长率

年度	交易额/亿元	增长率/%	顾客数/亿人
2009	0.5		1.3
2010	9.36	1772	1.85
2011	52	259	1.94
2012	191	468	2.42
2013	350.18	83	3.12
2014	571	63	3.61
2015	912	60	4.13
2016	1207	32	4.18
2017	1682	39	5.33
2018	2135	25	6.10
2019	2684	26	6.39
2020	3328	28	7.98
2021	5403	12.22	8.28

移动互联网的普及、网民购物习惯的变化、移动购物场景的完善、移动支付应用的推广、核心网购企业移动端布局力度的加大，共同推动了中国移动购物市场的快速发展。2014年该市场交易规模超9000亿元，移动端渗透率达到33.7%，未来几年仍将继续保持强势增长状态，2015年移动端将超过PC端，移动电商发展进入全盛时代。2019年天猫"双十一"购物节，仅用时21秒，成交额便突破10亿元，1分36秒天猫"双十一"成交额突破100亿元，这个速度再次刷新天猫"双十一"成交总额破100亿元的纪录。2016年用了6分58秒，2017年用了3分01秒，而2018年天猫"双十一"突破100亿元的时间是2分05秒。天猫"双十一"购物节也带来了新品和新用户的爆发式增长。2022年天猫"双十一"，品牌商家首次发布了超100万款新品，这些新品正在成为爆品，天猫"双十一"当天，通过天猫、淘宝等应用程序参与购物狂欢的用户增长了近1亿。根据此前披露的数据显示，截至2019年10月31日，仅在预售阶段就有64个品牌成交额破亿元，比去年同期翻一番。未来，我国网络零售交易规模仍将

持续增长，按照《电子商务"十三五"发展规划》，预计2020年我国网络零售交易额将达到10万亿元，事实上，2019年我国网络零售交易额就已经突破10万亿元，提前达到目标。在此状况下，预计到2025年我国网络零售交易额将达到19.33亿元。

中国网络零售产业规模庞大、交易数据令人震惊，这一切都得益于互联网技术与终端的完善和普及，加速了中国"全民互联"时代的到来，同时社会主力消费群体正转向"80后""90后""00后"人群。彰显时尚个性、高学历、贴近互联网、追求高品质生活成为其主要特点，在此大环境下，中国网络零售产业整体步入快速增长阶段。新一代的人群将为网络零售奠定良好的客群用户基础，并且释放出巨大的市场潜力。

从中国互联网络信息中心2019年发布的第44次《中国互联网发展状况统计报告》来看，中国目前的网民年龄结构分散，如图1-1所示。10～39岁的网民占比达到65.1%，其中20～29岁的网民占比最高，达到24.6%。同时，报告显示15～19岁网民人均手机应用程序（以下简称App）数量最多，达到66个，其中20～29岁网民人均手机App数量为54个，随着年龄增长，人均手机App数量逐步减少，60岁以上网民人均手机App数量为33个。由此可知，"00后"世代网民所占比例较高，且手机App数量也非常高。

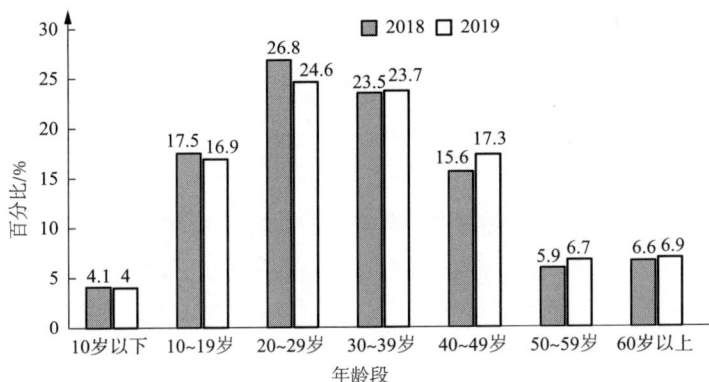

图1-1 中国网民年龄分散

此外，从相关研究报告来看，中国网购正在逐步从PC端向移动端迁移，如图1-2所示。PC端网络购物所占比例从2011年的98.5%下降至2019年的26.6%，而移动端网络购物所占比例从2011年的1.5%上升至2019年的73.4%，并且继续保持上升态势。

中国5G技术发展进入全面深入落实阶段，2016年全面启动5G技术研发试验，

2018年中华人民共和国工业和信息化部向网络运营商发放5G频谱资源，2019年网络运营商已经开展5G试验基站建设。同时中国量子技术、人工智能、云计算、大数据技术、区块链技术、超级计算技术的发展都为移动网络购物奠定了良好的发展基础。

从以上环境背景可以看出，服装销售也正面临越来越激烈的竞争，因此手机购物应用程序的开发十分重要，服装销售需要与时俱进地发掘移动互联网环境、手机App环境的优势。未来的消费主力军"00后"世代对手机购物应用程序的满意度、信赖、投入及忠诚度的相关研究表明，手机App服装网购已经成为服装企业占有市场、获得销售利益的关键。

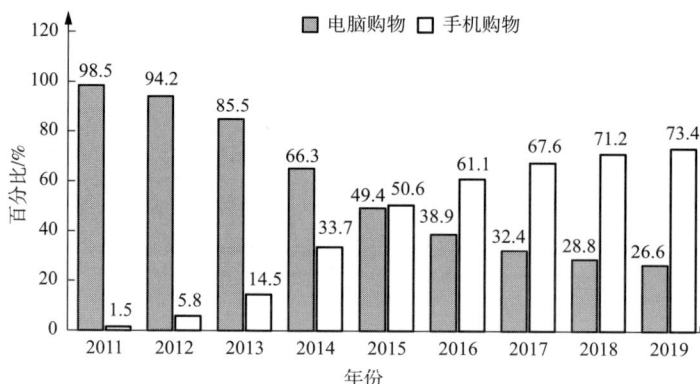

图1-2 中国网络购物PC端与移动端比例

目前学术界对服装网络购物的满意度、信赖和忠诚的研究比较多，对网络环境、网络购物环境、服务质量对顾客忠诚度影响的研究也取得相应成果，但是对于新兴的手机App网络购物的研究比较少，尤其是以未来消费主力军"00后"世代为研究对象，探讨其通过移动App购买服装的经历、满意度、信赖、投入和忠诚度的研究几乎没有。

因此，笔者以"00后"世代为研究对象，检验其通过手机App购买服装的行为，在研究移动网络环境、手机App购物环境、服务质量的基础上，探讨移动App购物外部因素对消费者满意度、信赖、投入的影响，最后挖掘"00后"世代的消费者忠诚度，以期为服装相关行业和企业提供有用的数据。另外，此研究还可以作为标准资料，挖掘移动App时尚产品购买要素，并用于制定移动App时尚产品营销战略。

1.2　研究目的

通过分析网络购物市场的现状和发展趋势，可以得出对移动 App 网络购物进行研究的必要性，此外，对即将成为主要消费者的"00后"世代消费者使用移动 App 购买时尚产品的忠诚度的研究也是非常必要的。

根据移动 App 时尚产品购买经历，笔者对移动 App 购物的外部影响因素（移动互联网环境、移动购物 App 环境、服务品质、关系效益）、满意度、信赖、投入与顾客忠诚度之间的关系进行了综合研究。笔者通过对移动 App 购物的外部影响因素、顾客信赖、顾客投入和顾客满意度进行调研与整理，同时以移动 App 购物外部影响因素、顾客满意度、顾客信赖、顾客投入、顾客忠诚等变因为中心，对结果进行概括。

在上述工作的基础上，笔者从移动互联网特征（接近性、有用性、开放性、便捷性）、移动购物 App 特征（交易、设计、情报、评判、安全性、使用便利性）、服务质量（人的服务质量、技术服务质量）和关系效益（社会心理效益、经济效益）等角度对使用移动 App 购买时尚产品的外部影响因素进行了研究。随后，笔者继续分析顾客满意度（产品满意、使用满意）、顾客信赖（认知信赖、情绪信赖）、顾客投入（感情投入、持续投入）和顾客忠诚度（再购买意图、口传意图、自我认知忠诚）之间的关系。

笔者将中国"00后"世代消费者对移动 App 购买时尚产品的外部影响因素作为独立变量，以顾客满意度、顾客信赖、顾客投入为媒介变量来分析消费者忠诚度。通过这种方式，根据中国"00后"世代消费者使用移动 App 购买服装经历探讨其顾客忠诚度，以此增强中国移动 App 服装网购的竞争力和盈利能力，为其使用提供战略指导。

为了达到上述目的，笔者首先调查了中国"00后"世代消费者在移动 App 购买时尚产品时的外部影响因素（移动互联网环境、移动购物 App 特性、服务品质、关系效益）对顾客满意度、顾客信赖、顾客投入产生何种影响。

其次，笔者分析了中国"00后"世代消费者在移动 App 购买时尚产品时的顾客满意度、顾客信赖和顾客投入之间的关系。

最后，笔者分析探讨了中国"00后"世代消费者在移动 App 购买时尚产品时的顾客满意度、顾客信赖、顾客投入对顾客忠诚度产生何种影响。

笔者进行研究的流程如图 1-3 所示。

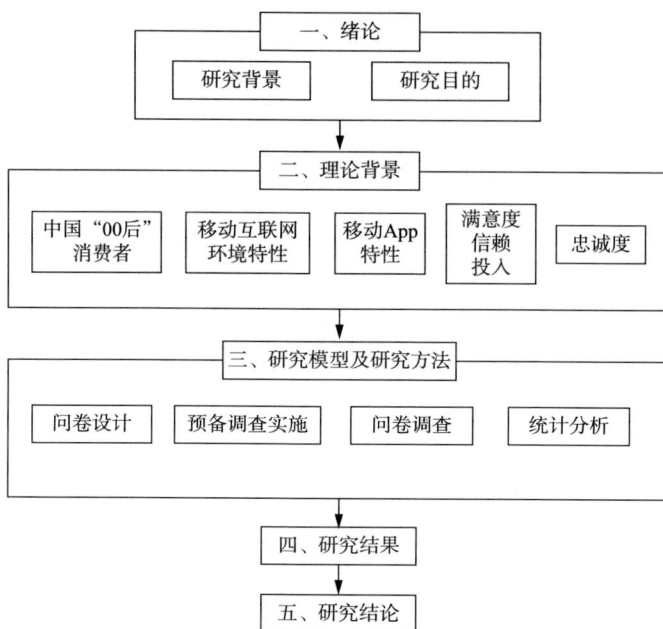

图1-3 研究流程

02

第2章

理论背景

笔者分析了移动网络环境特性、移动购物App特性、关系效益、服务质量和满意度、信赖、投入、忠诚度和时尚产品干预度之间的关系，概括了关于时尚产品参与度等的研究，总结了以外部因素、满意度、信赖、投入、忠诚度为变量的相关研究。

首先通过参考文献研究，对前面的研究进行了考察，结果显示，满意度是忠诚度的影响参数（黄道妍，2015；皮星，2019），可信度是忠诚度的独立变量（千海光，2018；尹永和，2018），服务质量是忠诚度的独立变量（金智恩，2019；朴永南，2019），移动购物中心的特性是忠诚度的独立变量（金惠珍，2018；林世熙，2019）。另外，顾客价值（朴正任，2019）、知觉经验价值（金宝京，2013）、关系效益（朴智焕，2019）等变量也会影响忠诚度。

此外，从莫哈玛德（Mohammad，2016）的研究中也可以看出，感性体验、知觉服务质量、信赖度、满意度也会影响顾客忠诚度。田永（2018）的研究，通过移动属性、网站属性、服务质量等变量，揭示了对满意度影响最大的因素。基于上述研究的框架，将影响移动购物App忠诚度的因素归纳为移动网络环境特性、移动购物App特性、关系效益、服务质量等外部因素，并深入分析上述因素与满意度、信赖、投入、忠诚度、时尚产品干预度之间的关系。

2.1 中国"00后"世代

2.1.1 "00后"世代的概念

卢秋月（2019）认为Generation这个英文词语是指中国的"世代"。世代细分以年龄为标准，融合价值观、人口出生率及重大社会事件来确定世代的时间划分，并且以价值观、生活方式来描绘世代的特征。同一时间段出生的人群（age cohort）不只年龄相近，更因其对流行文化、历史事件等社会标记（social marker）有共同经历和记忆，会保留固有的消费价值观和行为，从而构成具有营销意义的群体。

从20世纪60年代开始，美国开始对消费世代进行研究，得出价值观和消费行为明显不同的三个主流世代，分别是成熟世代、婴儿潮世代和X世代，他们占美国人口总数的60%，占整体消费的比例更高（孙小丽，2009），如表2-1所示。

表2-1　美国世代划分

世代名称	出生年代/年	占比/%	核心价值观与生活态度
成熟世代	1930～1345	14	责任、义务、拼搏、休闲、储蓄
婴儿潮世代	1946～1964	30	个人价值、探险、消费
X世代	1965～1976	17	多样化、挑战、财务障碍

　　20世纪70年代，中国台湾地区开始研究消费世代，直到20世纪80年代，相关研究才被引入学术领域，得出影响中国台湾地区经济的主流消费世代有前熟年世代、婴儿潮世代和X世代（张惟智，2017），如表2-2所示。赫尔穆特·舒特（Hellmut Schutte，1998）通过对中国近几十年的经济发展和社会文化变迁进行研究和分析，将中国消费者分为三个世代，第一个是1945年前出生的社会主义信仰者（socialist generation），第二个是1945～1960年出生的失落一代（lost generation），第三个是1960年后出生的关注生活的一代（lifestyle generation），这个划分相对比较笼统。而后，中国学者依照中国大陆地区的快速变化，将中国大陆地区消费者细分为五个世代（李建英，2009），如表2-3所示。

表2-2　中国台湾地区消费世代划分

世代名称	出生年代/年	占比/%	核心价值观与生活态度
前熟年世代	1940～1949	7.7	物质主义、关注健康、节约
婴儿潮世代	1950～1964	23.1	拼搏、崇尚流行、终身学习
X世代	1965～1979	30	冒险、个性、多元化、娱乐

表2-3　中国大陆地区消费世代划分

世代名称	出生年代/年	2020年龄/岁	经历重大事件	核心价值
偏传统一代	1921～1945	75～99	抗日战争	传统、责任、理想
失落一代	1945～1960	60～75	中华人民共和国成立	奋斗、集体意识
幸运一代	1960～1970	50～60	原子弹爆破成功	自我价值、冲突
转型一代	1970～1987	40～50	苏联解体、改革开放	个人主义、乐观
独生一代	1980～2005	15～40	加入WTO、互联网浪潮	开放、个性、自我、多元

　　2003年，"80后"作家恭小兵在天涯论坛发表《总结"80后"》一文，对身边的一帮同龄人的生存状态及精神状态进行总结。2003年以后，几乎每一本新出版的青春文学类书籍的封面都会出现"80后"字样。通过媒体铺天盖地宣传，不到半年时间，"80后"便被各个领域借用，恭小兵成为中国"80后"概念的提出者。

　　崔若扬（2018）的研究表明社会学家把第二次世界大战以后每10年分成一个阶段并加以研究，中国学者为了更好地研究中国消费者，也将中国独生一代进行细分，出现了"80后""85后""90后"95后"00后""05后"世代等名称。目前关于"80后"的研究较多（贺琼萱，2016；田晓芳，2015；孟蕾，2013；王么玲，2011），大部分学者认为"80后"就是1980年1月1日至1989年12月31日出生的人群，有时也泛指出生于1970年代末期，即改革开放以后的中国年轻一代，美国把这一代叫作"Y一代"。对于"00后"的概念，秦绍龙（2019）认为"00后"是指2000年1月1日至2009年12月31日出生的中国公民，有时也泛指1998年及以后出生的人，我们将之称为泛"00后"。2018年随着第一批"00后"步入大学、踏入社会，中国开始将关注目光越来越多地投向"00后"（余昌梅，2019），根据学界对"80后"概念的界定，笔者对"00后"重新做出以下几方面定义。

　　从广义来说，"00后"是指2000年以后出生的人群（2000～2020年），从狭义来说，"00后"是指2000～2009年出生的人群。

　　从本质意义来说，"00后"是中国加入WTO组织，进入互联网时代，经济高速发展的亲历者、受益者和见证者。

　　从社会学意义来说，按照美国及欧洲的消费世代划分，在1995～2009年出生的人群被称为"Z世代"，深刻反映社会的高科技发展和互联网文化，中国"00后"与"Z世代"有一定的重合。

　　本书中的"00后"是指从2000年1月至2009年12月出生的人群，按照中国的教育政策，这部分人目前正在接受初中、高中和大学教育，如表2-4所示。他们已经具有独立的思想意识，开始构建各种兴趣团体，充分利用互联网发展红利，自由享受移动购物乐趣。

表2-4　中国"00后"消费世代细分表

世代名称	出生年份	2020年年龄/岁	经历社会事件	社会属性
"00后"世代	2000～2002	18～20	加入WTO、中华人民共和国成立70周年	大学、职场
	2003～2005	15～17	神舟载人飞船飞天、中华人民共和国成立70周年	高中、职场
	2006～2009	11～14	改革开放30周年、中华人民共和国成立70周年	初中

2.1.2　中国"80后""90后""00后"比较

陈昌业（2017）认为中国"80后""90后""00后"活跃在网络消费的最前沿，是消费发展的中坚力量。2017年"双十一"购物节，"80后""90后""00后"贡献了近80%的消费额，参与人数占比分别为35%、22%、21%，"90后"天猫国际跨境进出口消费占比45%。

（1）"80后""90后""00后"的消费行动

张雪银（2019）认为"80后""90后"和"00后"是中国的消费主力，这三个世代群体大部分是独生子女，经济条件优越，消费能力较高，但是他们的生活方式又存在明显的差异，与"80后""90后"相比，"00后"具有更突出的群体特征。"80后"接受良好的教育和高素质的文化，且伴随全球化与互联网长大，其行为具有自我、追求个性与创新、不受传统约束的特点；"90后"是一个迅速崛起的新兴消费群体，他们不仅是一个独立的消费群体，也影响着整个家庭的消费。"80后"与"90后"这两个族群已经是市场的核心消费群体。"00后"正在逐步迈入社会，成为一个消费特征突出、消费行动多变且具备强大消费能力的群体。

张芳（2017）认为"80后""90后"消费者的价值观可以分为"社交认同"和"尊重感与享乐"两个维度，其中大部分消费群体都比较认同"尊重感与享乐"。"80后""90后"消费者的生活方式可以包括"开放和谐""独立乐观""感性细腻"三个因子，大部分消费者具有开放和谐的生活方式。"80后""90后"消费者的消费关注属性可以分为三个因子，分别是"品牌内涵""质量安全"和"流行前卫"。大部分消费者在购物时首要的关注点是品牌的定位及其内涵。"80后""90后"消费者在消费态度上可以分为七个维度，分别是"冲动购买""品质关注""理性购买""品牌忠诚""决策困难""完美购买""娱乐购买"。

罗琴（2018）的研究表明，"80后""90后"消费者在选购服装商品时不会考虑太多，只要能够引起别人注意且自我感觉良好就会购买服装，但是购物之后可能会后悔。除此之外，不少消费者在购物的同时也关注商品的品质，好的商品、畅销款对"80后""90后"的消费决策具有重要影响。王诗绮（2017）认为"90后"最希望得到他人的尊重、羡慕，以及享受这个过程给自己带来的满足感与成就感，他们明显要比另外两个年龄段的人更需要参考他人意见来完成购买行为，并且乐于享受生活，同时他们更加注重商品的流行元素，往往在看到喜欢的商品后咨询他人意见，如果得到认可，就会产生冲动购买行为，不会考虑太多其他因素。

郭芳芳（2019）的研究表明，作为"数字原住民"的"00后"已经成为移动互联网消费的主力军，未来10年他们也将成为媒体消费的核心人群，通过移动端和社交媒体渠道完成消费，为零售产业带来新一波巨大利益。出生在互联网时代的"00后"是真正意义上的"数字原住民"（digital natives），与"80后""90后"的"数字移民"（digital immigrants）相比，他们将移动网络及数字设备从一种工具转化成为生活体系和思维方式，因此"00后"世代消费者当之无愧地成为移动互联网消费的主力军。梅竹（2018）认为在未来10年"00后"将成为市场消费的核心人群，他们将是不可忽视的、更具购买力的目标群体。"00后"群体对传统媒介依赖减少，更多地通过移动端完成消费。"00后"追求个性与独立性，休闲娱乐、社交相关需求增加，在不断更新的消费需求下，未来消费将呈现上升状态。

张博（2018）认为数字媒介主导了"00后"的娱乐活动，看电影、听音乐、玩游戏是"00后"最喜爱的三大娱乐活动。"00后"是互联网的原住民，生活水平的提高以及科技进步带来的生产成本降低，使智能手机等网络设备被"00后"更早、更普遍地使用。张雪银（2019）认为"00后"群体具有强烈的社交需求，急需扩充自己的社交链，更需要有好的组织和归属感。随着手机成为现代社会的一种社交工具，智能手机已经成为"00后"的首选设备。朱耀秀（2019）的研究表明"00后"手机App的持有量排行第一，在影响手机App购买和使用行为的因素中，"00后"消费者最看重App的分享性。因此，应搭载新技术，利用增强现实（AR）、虚拟现实（VR）等新技术增强App体验，提升App的互动性与社交性，更好地满足"00后"消费者的需求。

通过上述研究，将"80后""90后""00后"世代的消费行动进行总结，如表2-5所示。

表2-5 "80后""90后""00后"世代的消费行动比较

项目	"80后"	"90后"	"00后"
成长环境	社会改革翻天覆地	物质文化高度丰富	经济发展迅速
态度	工作和生活平衡	注重休闲	注重生活品质
崇拜偶像	小虎队、刘德华	韩国男团、女团	动漫英雄、网红
价值感来源	社交圈子	家庭背景	虚拟资产
精神	改革为上主义	青春自由	极致个性主义
消费	体育运动	网络社交	网络购物

（2）"80后""90后""00后"的消费特性

1985年3月18日，美国《新闻周刊》首次提出独生代（the Only-Child Generation,

OCG）一词，并指出要从市场营销和消费者行动的视角出发，对"80后"进行研究。中国学者从1985年开始研究"80后"消费者的消费行为，他们认为，"80后"消费者从小就受到家人的集中关注，普遍推崇"只要我喜欢就行""我自己的风格""我就是生活的中心"，他们喜欢个性、稀缺价值高的产品。

王蓉蓉（2014）的研究表明，"80后"尤其在服装消费领域，对质量更感兴趣，注重个性，对流行诉求强烈。购买时尚产品时，价格是需要考虑的主要因素，并且"80后"对特定产品的忠诚度比较低，持续追求新品牌的倾向较强。吴琼（2007）的研究表明，"80后"消费者追求娱乐，具有以下特点：一是对情感、炫耀或个性的要求多于物质价值；二是对不遵循传统条件的客观性要求高。

王雨韩（2018）认为"90后"从小就被外国品牌和高价产品吸引，已经很熟悉各种奢侈品了，他们现在已经成长为"20代"（20～29岁人群），因此随着强烈的个性和自我中心主义的影响，对韩流和海外文化的接受具有开放性，受到市场经济、全球化、最新潮流和网络的影响，消费观念和消费行为与"80后"不同，比较关注娱乐、时尚、体育、通信等方面的信息。

林力宇（2019）认为随着"90后"消费者的快速发展，国际化带来的文化多样性，特别是以自由市场经济逻辑为中心，"90后"深知理念和现实的差异，认同国家和个人是命运共同体。

刘瑶（2013）在"90后"消费者群体服装消费行为的特点和营销策略的研究中，认为"90后"消费者有强烈的购买欲望，有感性消费和冲动性购买行为，并且具有购买方式多样化等消费特性。吴剑毅（2008）认为"90后"消费者一直与互联网时代同步成长，因此他们以更快的速度提升思维能力，对物质的追求和对名牌的诉求更加烈。崔光保（2012）从消费者的成长背景、消费习惯等角度探讨"90后"消费者的消费行为特征，发现其消费行为是感性的、强势的、个性化的。

目前，"00后"的消费能力较强，并且对生活品质有着很高的追求。艾瑞（2019）对"00后"消费行为的调研显示，"00后"虽然没有客观的经济收入和稳定的经济来源，但消费能力不容小觑。基于"00后"消费特征的产业不仅有很大的市场，而且极具发展潜力。

首批进入主力消费年龄的"00后"已然展现出了强大的消费能力，尤其是在衣、食、住、用、行、娱这六大行业，而且他们有着独特的消费理念，引领着消费新风潮。在穿着上，他们追求混搭与潮流；在饮食上，他们追求环境氛围，也喜欢足不出户的体验；他们喜欢一人乐居，追求精致的生活用品，要把自己彻底地武装起来（阿里研究院，2017）。

"00后"的消费渗入生活的方方面面，对于"00后"消费模式的研究并不针对某一具体产业，应从"00后"消费特征出发，从这一群体对消费产业的需求出发，探究当今的消费产业应当如何适应这一新兴消费群体，设计出符合他们的特征和需求的产品。

通过 IBM 商业价值研究院（2017）对"00后"消费市场的洞察报告可以发现，产品质量是"00后"最关注的消费因素，他们尤其在意品牌本身的质量（由内而外地体现产品质量）、库存充足（随时可获取自己需要的产品）、性价比高（大众可消费的轻奢品）。如果他们决定选择一个新品牌，那么一半以上原因和质量有关。

与"80后""90后"消费者相比，笔者认为"00后"消费产业具有三大特点：第一是产品需拥有足以感染和打动"00后"的独特理念——核心竞争力；第二是企业要善于运用"00后"感兴趣的方式沟通——传播途径；第三是满足"00后"对品质生活与体验分享的追求——精神满足。

通过上述研究可以发现，"00后"与"80后""90后"消费者的消费特征具有一定区别，笔者对三者的消费特征进行了总结，如表2-6所示。

表2-6 "80后""90后""00后"消费特征比较

项目	"80后"	"90后"	"00后"
出生年代/年	1980~1989	1990~1999	2000~2009
年龄/岁	31~40	21~30	11~20
人口规模/人	2.28亿	1.76亿	1.47亿
生活方式	在改革开放进程中成长、互联网高速发展、计算机普及	完全改革开放、信息时代、计算机普及、手机普及	高GDP、低人口增长、5G互联网时代、数码产品及手机普及
消费特征	个人主义、感性消费、独立性强、追求流行、互联网消费	现实主义、追求个性、追求流行、物质敏感度高、互联网海淘消费	极致个人主义、重视国产品牌、关注理想信念、愿意为兴趣买单、移动终端消费

2.2 中国移动互联网环境与移动购物 App

2.2.1 移动互联网

（1）移动互联网的概念

目前，关于"移动互联网"还没有一个明晰统一的定义。一种观点认为，无线应用协议（WAP）就是移动互联网；另一种观点认为，在移动终端上使用数据服务的都是移动互联网；再一种观点认为，"移动"只是一种接入方式，移动互联网就是互联网。

李嘉嘉（2017）认为移动互联网的概念是使用移动接入技术，经各种各样的移动终端和互联网进行有效的连接，使无线网的优势可以全方位服务移动客户。就互联网技术层面而言，移动互联网是依靠 IP 宽带进行运行的，互联网的媒介为各种移动终端，互联网的目标是利用移动网络的优势全面服务人们，移动互联网的传输基础是数据绝对安全，移动互联网多媒体的业务网络也正是在这种条件下开发的。就移动端层面而言，移动互联网在进行获取通信信息时可以使用手机、计算机、平板电脑等各种移动终端。

李中华（2016）认为移动互联网技术是指借助手机等移动终端设备进行无线网络连接（所连接的无线网络既可以是 2G、3G、4G 等移动通信网络，也可以是利用 Wi-Fi 热点连接的一些固定无线网络），从而实现将移动终端接入互联网，并在此基础上进行文字、声音、图片、视频等多种媒体形式的互相通信的技术。

中华人民共和国工业和信息化部电信研究院发布的《移动互联网白皮书》给出的移动互联网的定义是："移动互联网是以移动网络作为接入网络的互联网及服务，包括三个要素分别是移动终端、移动网络和应用服务。"文军（2014）认为这个定义具有两层含义：一是指移动互联网是传统的互联网与移动通信网络的有效融合，终端用户是通过移动通信网络（如 2G、3G 或 4G 网络、WLAN 等）接入传统互联网的；二是指移动互联网具有数量众多的新型应用服务和业务，并结合终端的移动性、可定位性及便携性等特点，为移动用户提供具有个性化、多样化的服务。

关于移动互联网的定义基本都强调了自由移动性及便捷性等，笔者认为移动互联网指使用智能手机、平板电脑等移动便携设备通过 3W 网络接入所连接的网络，通过移动互联网，消费者随时随地可以根据个人需求享受产品或服务。笔者对移动互联网概念的总结，如表 2-7 所示。

表2-7 移动互联网的概念

研究者（年度）	概念
马达拉·傅科萨（2013）	所谓移动互联网服务，是指通过手持设备，不受时间和地点的限制，通过无线方式直接与人交流所需信息的服务
利亚·普斯皮塔萨里和肯尼奇尔·希伊布（2016）	移动互联网服务是将随时随地都能提供通信服务的移动电话和引领信息化时代的主流媒体互联网融为一体，实现指尖信息（information at one's finger）的新服务
姜贤贞（2008）	移动互联网是将互联网通过移动设备连接到World Wide Web，通过可能的通信技术，发挥无处不在的环境的核心作用
姜钟九（2005）	将移动互联网定义为利用便携式无线终端和无线数据通信网络接入互联网，利用数据通信或网络的服务
姜大元（2000）	通过移动通信终端随时随地自由收发互联网上存在的各种数据和信息的服务
朴京镇（2000）	通过移动电话终端接入无线互联网获取信息或交换意见等，代替现有网络设备的作用
金振宇（2001）	通过手机、PDA（平板电脑）等便携式设备，不受时间和地点的限制，可以无线收发所需信息的服务
李洪宰（2001）	通过内置在移动通信终端上的浏览器进行数据通信及使用SMS（短信平台）的信息服务、PDA（平板电脑）或移动计算服务、无线调制解调器提供的无线互联网接入的服务
金泰焕（2018）	移动互联网是PC互联网发展的必然产物，将移动通信和互联网二者结合起来，融为一体

（2）移动互联网现状

20世纪，爆发了产业革命第三次浪潮，人类社会由工业时代迈入了信息时代。21世纪，信息技术快速更新迭代，信息化渗透到生产生活的各个领域。大数据、人工智能、移动互联网、云计算等技术是21世纪信息领域的前沿技术。移动互联网是将移动网络作为接入网络的互联网及服务，被称为"第五媒体"，是"信息技术新革命"，是"最有创新活力，最有市场规模的新领域"。在国家政策的支持引导下、在技术进步的推动下、在商业利益的驱动中，移动互联网迅速普及，成为最具普及性和最具发展潜力的信息技术。

2014年，我国正式提出并开始运用"互联网+"理念，形成了以"互联网+"为基础的网络社会综合发展体系。目前，"互联网+电子商务""互联网+医疗制度""互联网+教育"等产业已经伴随互联网的介入实现了飞速发展。

目前，移动互联网产业持续高速增长，是整个信息与通信技术（ICT）产业最重要的驱动力量。2014年移动通信行业为全球经济贡献了3.3万亿美元（含直接产出和间接经济贡献）。截至2016年9月，全球移动用户约74亿户，普及率99%。截至2016年8月，中国移动用户达到13.1亿户，普及率93%，比2015年底增加了300多万户。2016年全球手机出货量约19.2亿部，比2015年增长0.23%，全球移动用户数首次超过人口总数，趋于饱和。2016年我国手机出货量达到5.7亿部，年增长率为9.2%。此外，移动互联网App经济规模持续扩张，我国成为全球最大的移动应用市场。移动互联网App的经济规模仍在持续扩张，在应用规模、下载规模、使用时长等方面均远超传统网络的应用。截至2015年5月，我国第三方应用商店累计下载量超过3000亿次，领先谷歌官方商店的2900亿次。仅仅在国内市场，我国最热门的应用软件年下载量已达到40亿次，接近1000款应用累计下载规模超过1亿次，超过1000万次下载的应用达4000款。

截至2018年12月，中国网民使用手机上网的比例达到98.6%，与2017年相比提高1.1个百分点。使用台式电脑上网的比例为48.0%，与2017年相比下降5个百分点。由此可见，中国移动互联网发展迅速，移动应用程序的大量开发和使用是时代发展的需求。

图2-1是2016~2019年的中国移动互联网使用流量。图2-2是中国互联网终端装置类别。图2-3是中国互联网下载速度。

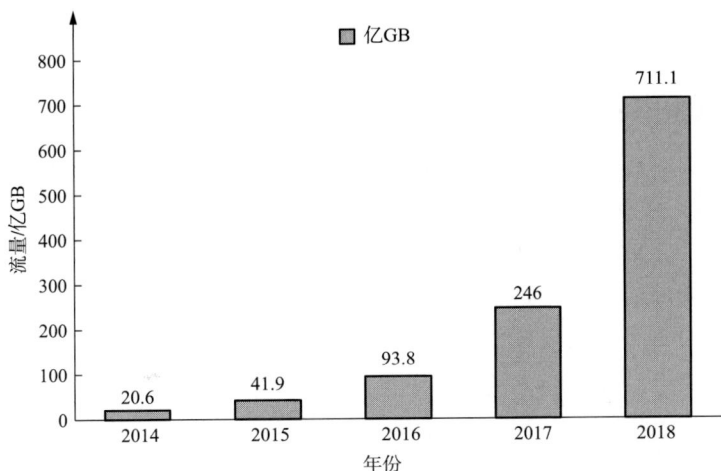

图2-1　移动互联网使用流量（截至2019年）

来源：中国产业信息化部（2019）。

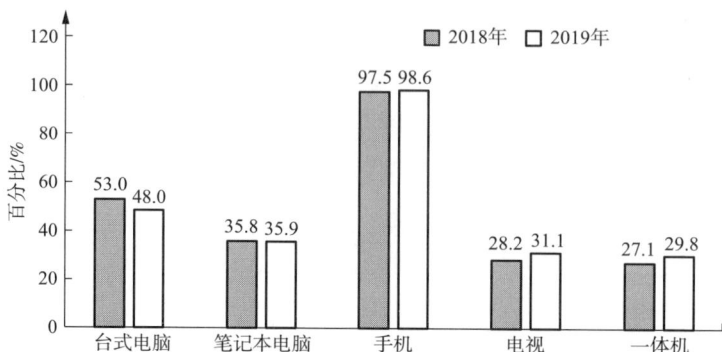

图2-2 互联网终端装置类别（截至2019年）

来源：中国互联网络信息中心（CNNIC）《中国互联网发展状况统计报告（2019）》。

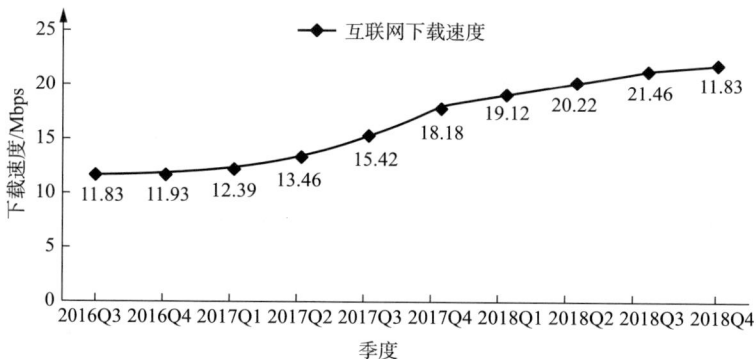

图2-3 互联网下载速度（截至2019年）

来源：网络发展联盟（2019）。

（3）移动互联网的特性

与过去主要利用桌面终端进行互联网连接的方式不同，采用移动互联网技术可以摆脱时间、地点等因素对网络接入的限制，主要具有以下特点：

便捷性：当前我国已经进入4 G时代，三大移动运营商也基本实现了对主要城市和乡镇的4G网络覆盖，这使人们通过手机就可以随时随地使用互联网，而且连接速度较过去有了显著的提高，使人们摆脱了对互联网固定接入端口的依赖。

便携性：移动终端技术本身也在迅速发展，除了正在快速发展的手机、平板电脑等终端设备外，智能穿戴设备如手表、手环等也取得了快速的发展，这无疑极大地方便了人们的使用，可以随时、随地、随心地利用这些设备接入互联网。

即时性：人们可以充分利用移动终端处理各种生活或工作中的事情，还可以利用琐碎的时间浏览互联网上的各种资讯和信息，甚至可以24小时通过手机保持在线，从而避免了一些重要信息不被及时接收和处理的情况发生。

依赖性：当前随着移动互联网技术的快速发展和广泛应用，人们对该技术的依赖性正逐渐增强，特别是随着当前移动终端设备价格及流量资费的下降，使移动互联网已经渗透到了人们生活和工作的方方面面。

贺志朋（2017）认为与以往的互联网进行比较，移动互联网自身的主要优点是突破信息数据传输过程中受时间、空间等因素的制约，把互联网的共享性与开放性进行了高效结合。通过对移动互联网的运行方法进行分析发现，其具有较强的多元化、移动性、共享性、实时性等特征。其中实时性主要体现为移动互联网为人们提供全天网络服务，且提供的各种信息数据都具有较强的及时性。便捷性主要体现为在无线网络覆盖的区域，通过各种移动电子设备终端都可以连接与应用移动互联网。

李军（2017）认为，相对于传统的互联网来说，移动互联网最大的优点就是改变了传统互联网的数据通信，它把互联网的开放性与共享性在技术上进行了有效的结合，通过互联网的运行方式可以发现，移动互联网有很多特点，它的时效性很强，使用很方便，有共享性和开放性等。对于时效性来说，不仅可以为人们提供24小时的全天服务，还可以保证提供的信息是最新的。相对于方便性来说，它不但可以全方位地覆盖网络，使人们在任何地方都可以使用，还可以使用手机和计算机等设备通过互联网进行有效连接，让人们在有网的地方就可以联系。

杜拉赫（Durlacher，1999）将移动互联网的特性分为本质的一次元特性和附加的二次元特性。本质的一次元特性包括便携性（ubiquity）、可访问性（reachability）、安全性（security）、便利性（convenience）。附加的二次元特性包括三个方面，分别是位置性（localization）、即时连接性（instant connectivity）、个人化（personalization），如表2-8所示。

崔海英（2003）在移动互联网用户特性与内容利用动机的相关研究中，基于媒体接触性视角将移动互联网的特性概括为相互作用性、非同时性和个人中心性。相互作用性指媒体情报提供者通过互联网为情报接收者提供相关情报。非同时性指互联网打破时间和空间限制为用户提供情报，用户可以自由选择时间非同时接收和使用情报。个人中心性指用户可以根据个人意愿选择和使用适合自己的情报。

表2-8 Durlacher的移动互联网特性

特性		内容
一次元特性	便携性	可从任何地方接收实时信息的属性
	可访问性	随时随地连接的属性
	安全性	安全和安全保障的属性
	便利性	简化的通信工具属性
二次元特性	位置性	用于确定用户在特定时间点的当前位置的属性
	即时连接性	如何快速导航所需信息的特性
	个人化	移动用户个性化和差异化的客户服务

李尚曼（2005）认为互联网和移动通信相结合形成移动互联网，最突出的特征是可以提供个性化的服务，移动互联网的发展方向是移动性和便携性。从移动互联网的发展现状来看，其移动性和便携性已经基本实现。

宋智慧（2009）认为移动互联网最大的好处就是在移动中可以使用，也可以提供个性化的服务。这意味着终端携带方便，可以不受时间和空间限制使用服务，终端的使用者比较明确，因此可以向相应终端的所有者提供相应的服务。

千志雄（2016）研究构建了手机购物网站的影响因素优先顺位模型，从手机购物商城网站特性、移动服务特性和顾客满意度特性三个方面出发，将手机购物商城特性总结为费用效益、市场接近性、情报开放性、相互作用性、超越时间概念五个特性，如图2-4所示。

张雅伟（2012）研究了中韩消费者关于移动购物特性、价值和接受度的关系，将移动网络的特性概括为安全性、位置性、便捷性、易用性、个人性五个方面，通过实用价值和娱乐价值两个媒介变量得出对接受度的影响。张雅伟的研究模型如图2-5所示。表2-9是关于移动互联网特性的文献研究。

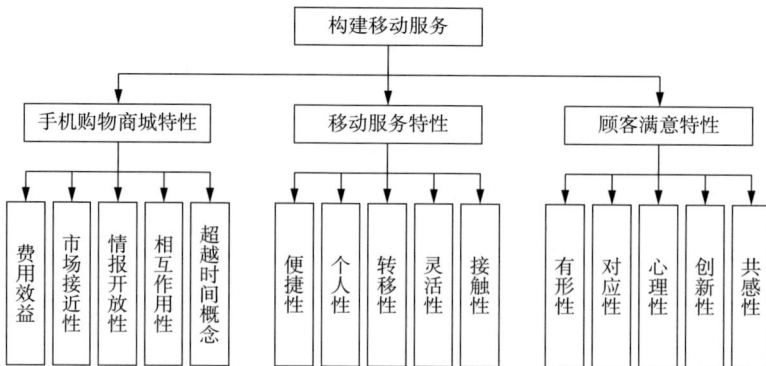

图2-4 千志雄的移动服务组件分层模型（2016）

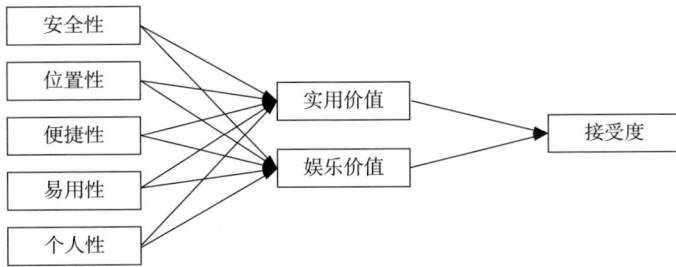

图2-5　张雅伟的研究模型（2012）

表2-9　移动互联网特性的文献研究

研究者（年度）	接近性	有用性	开放性	便捷性	共同体性	位置性
权英国（2005）	×	○	○	○	○	○
徐镇赫（2005）	×	○	○	○	○	×
宋智慧（2009）	×	○	×	○	○	○
金贤信（2010）	○	○	○	○	×	○
闵俊熙（2010）	×	○	○	○	×	×
朴镇旭（2011）	○	×	○	○	○	○
张雅伟（2012）	○	○	○	○	×	×
安白城（2015）	○	○	×	○	○	○
金恩香（2017）	○	○	○	○	×	×
金泰焕（2018）	○	○	○	○	×	×
柳权锡（2018）	○	○	○	○	×	○

注　×代表没有，○代表有。

2.2.2　移动购物App

（1）移动购物App的概念

随着智能手机和平板电脑等移动设备的普及推广，移动设备的性能以及所提供服务的水平得到巨大提升，智能手机与普通手机不同的地方在于可以自主安装应用程序，能够使用大量的应用程序。应用程序是适合移动操作系统而设计的可以扩展和提高移动设备功能的软件。因此，移动购物应用程序可以定义为，在电子商务中通过移动终端连接无线网络所下载的购物应用程序。

移动应用程序以操作系统模式为标准进行开发，并通过手机应用商店提供给移动终端用户。移动购物应用程序数量非常多，并且几乎每天都会有应用程序更新或者诞生。以苹果 App Store 为例，共有财务、导航、购物、美食、社交、摄影等25个类别的移动应用程序，每个类别的应用程序都至少有几百个，如表2-10所示。

表2-10　苹果 App Store 移动应用程序排行统计（2019年10月统计）

序号	App类别	免费App	最高下载	收费App	最高下载
1	购物	200		192	
2	报纸杂志	198		56	
3	财务	200		189	
4	参考	200		194	
5	导航	200		187	
6	儿童	200		199	
7	工具	200		194	
8	健美	200		189	
9	教育	200		187	
10	旅游	200		196	
11	美食	200		193	
12	商务	200		179	

续表

序号	App 类别	免费 App	最高下载	收费 App	最高下载
13	摄影	199		193	
14	生活	200		194	
15	体育	200		190	
16	天气	195		186	
17	图书	200		191	
18	音乐	199		197	
19	医疗	200		188	
20	娱乐	199		194	
21	社交	200		186	
合计		4190		3874	

以移动购物应用程序的定义为中心,对相关先行研究总结如下。黄道妍(2015)强调了无线网络和应用程序的概念,朴恩熙(2015)对服装 App 做出了概念界定,指出服装 App 将消费者和企业联结起来。申敏儿(2016)认为移动应用程序为消费者提供了便捷的购物环境,为企业扩大销售做出了贡献。张佳艺(2017)、郑乃岑(2019)认为移动购物应用程序打破了传统网络购物时间和空间的限制,提高了网络购物的效率。陈子阳(2017)从广义范围对移动应用程序的概念做出界定,认为移动应用程序是运营系统针对移动终端所设计的软件。张晓亨(2018)认为移动购物应用程序是消费者自主下载的,因此可以激发消费者购买意识,同时可以为消费者提供附加价值。张舒(2019)认为移动购物应用程序改变了消费者的购物形态,由此诞生了很多广告

和销售产品的应用程序。表2-11总结了先行研究中移动购物应用程序的概念。

表2-11 移动购物应用程序的概念

研究者（年度）	概念
黄道妍（2015）	移动App购物是指在电子商务上用手机连接无线互联网，下载企业的软件、应用程序（以下简称App），通过移动App方式购买产品
朴恩熙（2015）	时尚应用程序是时尚相关信息应用程序，可以看作联结企业和消费者的媒体
申敏儿（2016）	消费者倾向于通过应用程序方式购物，相应的销售商也在自行制作应用程序，扩大消费范围
张佳艺（2017）	不用回到有计算机的办公室或家里来搜索东西，只要有一部智能手机，一切都能解决，这就是"移动购物"
陈子阳（2017）	从广义上讲，应用程序是指在操作系统上运行的所有软件，移动应用程序是在移动终端上运行和使用的应用程序
张晓亨（2018）	消费者直接下载使用的App服务可以看作根据用户的积极决策追加提供的附加服务
郑乃岑（2019）	新的网上购物方式出现，消费者不受空间限制，可节省时间，大大提高了网上购物的效率，成为网上购物过程中不可缺少的工具
张舒（2019）	随着使用移动设备改变消费者消费形态的移动App的发展和活性化，很多旅游企业为了发布广告、销售自己的商品，正在开发和普及App
徐金虎（2014）	移动购物是指使用手机上网，在线选择商品，在线支付的购物过程

（2）移动购物应用的现状

李博（2013）研究认为，凭借4G、5G技术的巨大发展潜力和智能手机的普及，消费者获得了比过去更丰富、更快乐的在线体验，促进了多家电子商务企业的发展，加快了消费者购物平台的移动化。与基于PC端传统网络购物相比，通过手机进行移动购物具有更方便、个性化的特点，逐渐成为网络购物的主要方式。李煜（2019）的研究认为，由于移动互联网用户规模的快速增长和网络用户使用模式的变化，各电子商务企业相继推出了面向智能手机用户的移动应用程序。王任济（2019）认为，与过去通过WAP进行的在线连接相比，通过移动终端进行的连接不需要输入网站地址，只需点击图标就可以直接登录电子商务网站，因此使用方便性大大提高，深受用户欢迎。目前，电子商务移动应用程序大部分已经具有搜索、订单支付、订单查询、商品后期、配送查询、购买认证等功能，仅一个手机终端就能完成整个购买过程。图2-6是中国移动App主要类别占比，图2-7是中国各年龄段手机App数量。

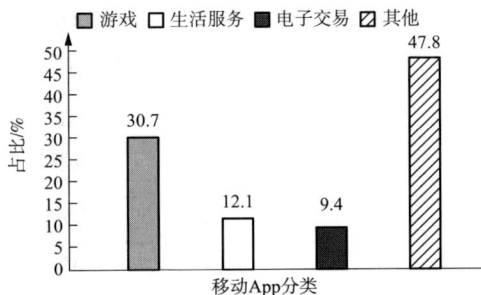

图2-6　移动应用程序主要类别占比（截至2019年）

来源：中国产业信息化部（2019）。

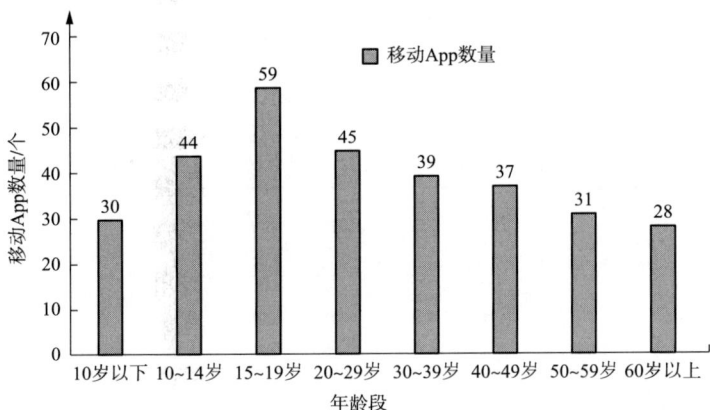

图2-7　各年龄段手机App数量

　　二维码、增强现实、NFC 移动支付目前被认为是改变未来购物的三大技术，其中二维码可以将网址、文字、照片等信息通过相应的编码算法编译成一个方块形条码图案，手机用户可以通过摄像头和解码软件将相关信息重新解码并查看内容。由于成本低、信息载量丰富、发布方便等优势，二维码已开始得到广泛应用。例如，一号店已在部分城市的地铁站设立了购物服务区，在商品海报下放置二维码标签，用户用手机客户端软件扫描二维码，就能进入商品购买界面，随时随地在线购物。同时，电信运营商、银行、第三方支付企业纷纷加快布局移动支付市场。支付宝不仅涉足二维码支付，还提供声波支付、转账、扫码、条码支付等方式，同时还拥有收集和管理优惠券功能。目前智能手机上流行的"搜索比价"的功能，可以让消费者在逛实体店选购商品的同时进行线上搜索比价。用户还能通过扫描条形码、二维码、拍摄商品图片来实现搜索比价，轻松选择最近、最便宜的购物点或在线 B2C 网络商城，从而实现一站式移动购物,其远胜于传统网购的便利性与快捷性(表2-12)。

表2-12 移动应用程序使用率(截至2019年)

种类	使用人数/万人	比例/%	上年使用人数/万人	比例/%	增长率/%
通信	78029	95.5	69359	92.2	12.5
检索	65396	50.0	62398	82.9	4.8
新闻	65286	79.9	61959	82.3	5.4
购物	59191	72.5	50563	67.2	17.1
摄影	58958	72.2	54587	72.9	7.5
支付	58339	71.4	52703	70.0	10.7
音乐	55296	67.7	51173	68.0	8.1
游戏	45879	56.2	40710	54.1	12.7
文学	41017	50.2	34352	45.6	19.4
旅行	40032	49.0	33961	45.1	17.9
外卖	39708	48.6	32229	42.8	23.2

美国彭博社报道,美国新生代青少年不再痴迷于前往名牌服饰店购买衣物,而是通过智能手机购买全球品牌服饰。在中国,据CNNIC发布的第43次《中国互联网络发展状况统计报告》显示,2019年,手机网络用户达到8.17亿,网民使用手机上网的比例达到98.6%,而使用台式电脑和笔记本电脑上网的比例分别为48.0%和35.9%,网络购物用户6.10亿,而手机网络购物用户规模达到5.92亿,占手机网民的72.5%,年增长率为17.1%。移动互联网接入流量消费达到711.1亿GB,市场监测到的移动应用程序在架数量449万款,本土第三方应用商店移动应用程序数量268万款,占比59.7%。苹果商店(中国区)移动应用程序数量181万款,占比40.3%。游戏类应用程序数量约138万款,占比30.7%,生活服务类应用程序数量达54.2万款,占比12.1%,排名第二,电子商务类应用程序位于第三位,数量为42.1万款,占比9.4%。

2017年3月8日,国际咨询公司毕马威在中国香港发布的《了解在线消费者》报告显示,2016年亚洲每人每年平均网上交易次数在全球排名第一,报告预测到2030年亚洲将成为全球最大的家庭消费市场。《了解在线消费者》的年度调查报告认为,到2030年,美国家庭消费市场规模将达到17万亿美元,欧洲达到16万亿美元,而亚洲将达到33万亿美元，几乎是欧美市场的总和。亚洲将成为未来主要家庭消费市场，这很大程度上得益于互联网和移动消费的发展。调查显示，亚洲每人每年平均网上交易次数在全球排名第一，为22.1次，其次是北美地区，为19次，欧洲位居第三，为18.4次。毕马威零售和消费品业主管利安生表示，在中国由于手机购物的便利性，超过八成的消费者更倾向于用手机购物。

（3）移动购物App的特征

李贤玲、金希雄（2010）对手机应用程序的分类标准进行了整理，将应用程序分为提高工作效率的实用性应用程序、以趣味和兴趣为主的应用程序、提供信息情报的应用程序及具备社交功能的应用程序等。目前，移动购物应用程序包括开放市场应用程序、社交商务应用程序、大型超市应用程序、家庭购物应用程序等，主要购物业态大部分正在上市。每种移动购物应用程序都具有自身的特征，开放市场应用程序是由个人和小规模销售企业等以网上自由交易商品形式的中介类型的网上购物中心，这种应用程序通过从注册商品的用户那里收取手续费获益。社交商务应用程序是近几年新兴的一种电子商务销售方式，在聚集一定数量消费者的情况下，以超低价提供商品完成销售活动。通过大型超市应用程序可以将想要购买的商品放进购物车，自主选择配送地点和配送时间。家庭购物应用程序需要消费者进行实时购买。

移动购物应用程序的最大特点在于不受空间和时间的限制，随时随地使用移动设备上网购物。与PC端网购相比，移动购物最大的区别在于移动性和即时性，用户可以在需要的时间和场所连接无线网络进行购物。移动购物通过App这一优化移动环境的软件直接进行，与传统网购相比更容易操作，也更方便使用。表2-13是PC网络购物和移动购物的比较。

表2-13　PC网购和移动网购的比较

区分	PC网购	移动购物
登录方法	通过PC连接有线和无线互联网	通过移动设备连接无线互联网
主要特征	无时间限制、有空间限制	无时间、无空间限制
主要应用程序	网页	App
主要业体	淘宝、唯品会、京东商城、苏宁商城等	淘宝、唯品会、京东商城、苏宁商城、拼多多等
支付手段	信用卡、转账	移动小额支付、信用卡、转账

基于以上内容，移动购物的属性和特征可以综合分为四个方面，即可访问性、有用性、开放性、便利性（ubiquity）。

张晓亨（2018）根据移动购物的属性，将移动购物的特征总结为三个方面，分别是移动性、即时性和个人化。移动性特征突出了移动购物应用程序不受场所限制，符合现代社会追求简单便捷的需求，无论是上下班的地铁上，还是在咖啡店、商场等，消费者根据需求，可以随地进行购物。即时性指消费者可以通过移动购物应用程序，不受时间限制自由购物，没有时间限制自由交易已经成为现代社会的必备要素。即时性让消费者的购物行为更加自主。个人化指移动购物应用程序可以为消费者提供定制信息，从大量的信息中，向消费者推荐人气产品，让网购变得更加便捷和快速。

安白城（2015）认为移动购物是完全不同于传统PC网购的一种崭新的购买模式，它具有不受空间限制的便捷性，消费者只要有需要就可以直接登录的可接近性，同时还具有为顾客推荐商品的便利性。移动购物的这些特性满足了消费者获得所需要商品或服务的需求，这也是移动购物的功能体现。

刘柳（2018）认为移动性、即时性、个人性是移动购物的核心特征。结合这些移动设备独有的特性和购物属性，形成了移动购物的新方式。在使用网络的层面，与现有的网络购物形式相似，但移动设备的固有特性让使用者感受到与众不同的体验。个人性可以根据用户需求推荐商品提案或信息等，这是可以提升营销效率的属性，同时也给消费者展示了移动购物便利性的核心属性。

郑乃全（2019）对移动购物的特征进行总结，将其概括为便捷性、即时连接性和个人化三个特征。便捷性指消费者可以通过移动购物应用程序直接搜索商品并购买，轻松完成移动购物，充分享受购物的乐趣；即时连接性是指通过无线网络的即时连接，每分每秒都有成千上万的交易完成；个人化是指移动购物应用程序可以根据所掌握的消费者信息，为消费者推荐符合其需求和个人特点的商品或者服务。

申敏儿（2016）认为移动购物的属性可以分为相互作用性、情报提供性、个人化、有益性和即时连接性五个特征。金源民（2014）将有益性定义为消费者通过购物所感知的自身快乐程度，与期待的成果或结果无关。可以看作在手机购物时，随着消费者搜索和购买产品相关信息而感知到的乐趣和娱乐性。因为感知的快乐是内在的动机，即使没有额外的补偿，为了感到满足也产生使用动机。

　　李文（2004）认为便捷性、即时接入性及个性化是移动购物属性的特征，是构建移动购物的重要特征，通过移动终端的这些特点与购物属性整合，形成了与时代发展相融合的移动购物新模式。金成镇（2019）将便利性、同时连接性、个性化视为移动购物的属性和移动购物的几个重要特征，移动终端的这些特征与购物的属性相结合，诞生了与移动购物这个时代发展相融合的新购物方式。

　　阿特金斯（Atkins，2012）认为移动购物具有便利性、位置确认性、个人化、便捷性的特点。沙赫里亚尔（Shahryar，2019）认为移动购物以便利性、移动性、便捷性等为特点。杰芬（Gefen，2000）将移动购物的特征分为个性化、位置确认性、便利性、重组性四大类。格雷瓦尔（Grewal，2003）认为移动购物摆脱了时间和空间的限制，便利性和便捷性是最大的特征和最明显的属性。

　　克拉克（Clark，2001）认为移动购物具有便捷性、位置确认性、个人化和便利性的特征。安卡尔（Anckar，2002）认为移动购物具有便利性、移动性和便捷性等特征。杜拉杰（Durlacjer，2011）将移动购物总结为个人化、位置确认性和便捷性三个特征。李斯特和本巴萨特（lee Benbasat，2003）认为移动购物最大的特征是其打破时间和空间限制，因此便利性和便捷性是移动购物最明显的属性。

　　以对移动购物的忠诚度为中心，综合最近国内的先行研究，可以看出在国内研究中，多以对独立变量（移动购物的属性、移动互联网的属性、服务质量等）和从属变量（忠诚度）之间关系的调查为基础。从对移动购物的忠诚度相关研究中（黄道妍，2015；金恩英，2016；关正文，2019）可以看出，以可信度（李英焕，2017）等为参数的研究较多。此外，一些文献使用了"忠诚度"这个术语，笔者亦将相关术语统一为"忠诚度"。参考关于移动购物的文献的结果如表2-14所示。

表2-14　移动购物忠诚度先行研究

研究者（年度）	独立变量	终属变量	主要结论
李美珍（2012）	独立变量：移动购物动机，接受时尚应用程序	时尚应用程序属性重要度	移动购物应用程序的使用情况以零碎时间和移动时间最多 以正确的目的开发应用程序非常重要
蔡贞贤（2014）	独立变量：移动购物中心可用性 参数：价格敏感度、购物经验、购物网站类型、智能手机购买时间	移动购物忠诚度	发现易用性的减少并不总是对用户产生负面影响 使用机器的特性可以延续消费者的忠诚度

续表

研究者 （年度）	独立变量	终属变量	主要结论
黄道妍 （2015）	独立变量：智能手机依赖性、明智的购物感、购买接近性 参数：购买效能感、顾客满意度	忠诚度	应该提高移动的比重，加强相关服务 要加强引导手机购物App登陆
徐毅力 （2016）	独立变量：易用性、知觉安全性、收益性、创新性 参数：顾客满意度	忠诚度	使用便利性、知觉安全性、收益性、创新性对顾客满意度有正（+）的影响 顾客满意度对顾客忠诚度也有正（+）的影响
李英焕 （2017）	独立变量：便利性、游戏性、经济性、安全性 参数：可靠性	忠诚度	便利性、游戏性、经济性、安全性都受到顾客忠诚度（+）的影响
金惠珍 （2018）	独立变量：一般属性、移动服务质量属性、购物中心企业特性	忠诚度	从移动购物中心的一般属性及服务质量属性、企业特性和忠诚度关系来看O2O服务经验与否的调节效果
黄秀妍 （2018）	独立变量：服务产品质量、服务交互质量、服务环境质量 参数：顾客满意度	忠诚度	服务质量对顾客满意度有正（+）的影响 满意度对顾客忠诚度有正（+）的影响
皮星 （2019）	独立变量：时代迁移、可操作性、可用性、可观察性、可测试性 参数：顾客满意度	忠诚度	相对迁移、适用性、易用性、可观察性对客户忠诚度有重要影响
金智恩 （2019）	独立变量：服务质量、信息质量 参数：经济价值、快乐价值	忠诚度	质量因素对购物价值有正（+）的影响，它们最终会影响顾客忠诚度
林世熙 （2019）	独立变量：购物中心属性 参数：品牌真实性	忠诚度	便利性、个人化对真诚性有正（+）的影响 品牌真实性对顾客忠诚度有正（+）的影响

以对移动购物的忠诚度为中心，综合最近文献进行研究，可以看出在国内研究中，多以对独立变量（移动购物的属性、移动互联网的属性、服务质量等）和从属变量（忠诚度）之间关系的调查为基础。在对移动购物忠诚度的相关研究中，以满意度[布达杨等（Boudhayan et al.，2012）；瑞贝卡（Rebecca，2016）；田忌，2018；高洁，

2018]为参数的研究较多。有关移动购物的其他文献的总结结果如表2-15所示。

表2-15　移动购物忠诚度先行研究

研究者（年度）	独立变量	终属变量	主要结论
斯里尼瓦桑 （2002）	独立变量：（8C）定制、相互接触、管理、使用便利、社区、易用性、选择、经济	忠诚度	易用性影响忠诚度 通过8C影响忠诚度、搜索、口碑，可促进消费
坦科维奇 （2008）	独立变量：服务质量（功能性、安全性、设计）	忠诚度	服务质量对忠诚度有积极影响
莫利尼略等 （2007）	独立变量：情感体验、服务价值感知、信赖 参数：满意度	忠诚度	情感体验对满意度和信赖程度有一定的影响，满意度通过信赖直接关系到忠诚度
塔库尔 （2008）	独立变量：自我效能、顾客满意度	忠诚度	自我效能、顾客满意与忠诚度有显著相关性

通过对移动购物应用程序的前期研究，得出了以下结论。

第一，为了研究用手机App购买时尚产品的顾客忠诚度的影响因素，有必要从多角度考虑手机App的外部影响因素。

第二，移动购物应用程序的顾客忠诚度研究包括满意、信赖、投入等变量，应先进行探索性研究。

第三，为了有效地应用这些研究框架，从顾客的角度出发，应该充分反映移动App中的时尚产品购买特性，希望开发合适的测量工具，了解顾客忠诚度的决定因素。

表2-16是在前期研究的基础上，总结了移动购物App的特点的结果。

表2-16　移动购物的特点

研究者（年度）	移动性	瞬时性	个人性	便捷性	便利性	确定性
克拉克 （2001）	×	×	○	○	○	○
安卡尔 （2002）	○	×	×	○	○	×
李文 （2004）	×	○	○	×	×	×
杜拉杰 （2011）	×	×	○	×	×	○

续表

研究者（年度）	移动性	瞬时性	个人性	便捷性	便利性	确定性
安白城（2015）	×	○	○	○	×	×
申敏儿（2015）	×	○	○	×	×	×
刘柳（2018）	○	○	○	×	×	×
张晓亨（2018）	○	○	○	×	×	×
郑乃全（2019）	×	○	○	○	×	×

2.3 关系效益

2.3.1 关系效益的概念

莫干等（Morgan et al.，1994）认为关系效益是企业与消费者之间关系发展的关键因素。拜理（Berry，1996）认为通过企业与顾客之间的关系，使所有人为了获得效益而保持长期关系，并能提高关系的质量，相互之间的关系效益是关系持续不可或缺的因素。此外，比特纳尔（Bitner，1995）认为通过企业的关系，使顾客能够满足自己的重要需求，获得经济、时间和心理成本；皮特森（Peterson，1995）也认为消费者参与关系营销能够带来效益。格温纳等（Gwinner et al.，1998）认为关系效益是基于消费者需求而进行获取时，通过提供令消费者满意的服务和追加优惠等手段以谋求与消费者的长期关系。

徐敏贞（2003）认为移动通信服务业的消费者关系效益是指在进行消费的过程中将自身形象传达给消费者的象征性的效益。崔元均（2005）认为企业和消费者要形成持续关系必须依靠关系效益，关系效益是指通过消费者和企业的关系所实现的互利共赢的效益。权英国（2005）认为关系效益是消费者与服务企业形成长期关系后能够获得的消费者所感知到的效益（benefit），是影响消费者满意度和信赖的重要因素。吴正烨（2008）认为关系营销可以使企业与客户保持持续的关系，从而创造客户忠诚度，提高持续收益。

　　文明熙（2012）认为关系效益是指两个当事者向对方所提供的长期持续的效益，从消费者立场来看，效益是指重要的服务或者其关注的关系，也即消费者通过与销售人员、服务提供业的提供者所形成的关系满足自身的重要需求并接受对方所提供的效益。李在东（2018）将关系效益定义为消费者通过餐饮服务和持续的关系获得的优惠，是企业为了维持与消费者的关系，向消费者提供核心服务和根本优惠及所有种类的效益。

　　通过对以上学者关系效益的先行研究，笔者将关系效益定义为通过移动购物应用程序购买时尚产品的消费者与移动购物应用程序之间服务需求与提供的关系，消费者可以从这种关系中满足自身需求及获得效益。对关系效益的定义和概念的先行研究进行整理，如表2-17所示。

表2-17　关系效益的概念先行研究

研究者（年度）	概念
德怀尔（1987）	通过买方和卖方之间的持续关系交换，在探索关系发展的过程中，可以维持顾客源泉
莫干和汉特（1994）	是企业和消费者之间关系发展的核心要素
拜理（1995）	通过企业和消费者之间的关系，当双方都获得效益时，就是维持持续关系或提高关系质量的效益
格温纳等（1998）	当顾客想要得到他们需要的东西时，通过传达满意的主要服务和提供额外的优惠，让他们寻求与顾客保持持续关系的效益
朴钟武等（2001）	是消费者通过与服务提供者形成持续关系而获得的效益
朱成来（2003）	消费者通过维持与店铺的关系，获得金钱效益或更优先地获得特别服务
崔元均（2005）	是消费者通过与企业的关系相互获得的效益
尹泰妍（2011）	服务的顾客在服务的供求关系中相互取得的有、无形的效益
文明熙（2012）	是消费者和服务提供者相互持续向对方提供很长时间的效益
金秀景（2018）	通过相互持续的关系形成，获得了各种类型的利益和比他人更具差异化的服务，这是一种附加的便利
李在东（2018）	是消费者通过与餐饮产业服务的持续关系获得的优惠
洪允善（2019）	从与旅游企业及主管地方自治团体的关系中获得的支持者的达成效益

2.3.2 关系效益的构成元素

亨尼格·图罗（Hennig Thurau，1997）针对消费者所获得的关系效益进行了广泛、系统的研究，为了确定消费者能够从其与服务提供者之间所形成的关系中获得效益，首先回顾了服务和关系营销的相关先行研究，然后以消费者和服务提供者为对象进行了深层访问，将关系效益分为经济的、社会的、心理的、个别化效益。通过实证研究将关系效益分为确信效益（customer confidence benefits）、社会效益（social confidence benefits）、特别待遇效益（special confidence benefits）三个方面。

格温纳等（1998）将关系利益定义为消费者通过长期关系获得的主要服务成果及相关利益，并将关系效益分为诸如社会的、心理的、经济的和顾客化之类的关系利益。罗纳德和贝亚蒂（Reynolds & Beatty，1999）将关系效益分为社会效益和技能效益两个方面。

另外，朴钟武和李尚哲（2001）将关系效益定义为消费者和服务企业间通过保持长期关系而获得的利益，它由确定性，社会的和经济的效益组成。李龙基和崔炳镐（2001）将关系效益区分为社会的、心理的和特别待遇等效益。朱成来（2003）将服务提供业态服装店铺与消费者所感知到的关系效益分为社会的、经济的、心理的三个方面。申钟七（2004）将关系效益分为特殊待遇效益、社会效益、信赖效益三方面。裴相昱和金完敏（2005）认为在酒店行业中，通过与酒店的长期关系获得的对员工的亲密感被定义为社会福利，并分为社会福利和特殊待遇福利。

此外，高银京（2005）将关系效益定义为消费者通过与企业间长期的关系所获得的实惠，并将其分为社会的、心理的和经济的效益，其中的经济效益是指消费者通过与公司之间关系的发展而感受到的经济方面的好处，可以分为金钱效益和非金钱效益。

李允爱（2010）以大韩航空为例，研究了航空服务顾客关系效益对忠诚度的影响，将关系效益分为社会的、顾客化的和经济的效益三个方面，以满足和信赖为媒介变量，顾客忠诚度为成果变量展开研究，研究模型如图2-8所示。

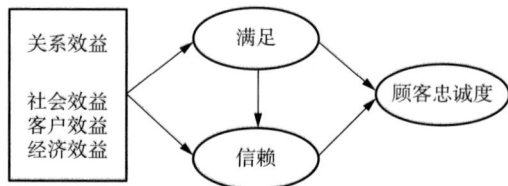

图2-8　李允爱（2010）的研究模型

　　尹泰延（2011）认为关系效益是指服务提供者和消费者之间所产生的服务供给与需求关系相互间得到的有形、无形效益，从消费者角度出发可以将关系效益分为社会的、经济的、心理的三个方面的效益。朴宇镇和梁宰浩（2011）在研究展示会观览者的感知关系利益对再访问意图的影响时，确定了积极利益、社会利益和特殊待遇利益三个因素，以便参观者能与展示会保持持续关系。

　　尹泰妍和文明熙（2012）将航空服务的关系效益定义为从提供航空服务的航空公司与供需之间的关系中获得的有形和无形的利益，关系效益是由社会的、心理的、经济的和特殊待遇利益四个方面构成的。李在东（2018）将婚礼展示会的关系效益划分为社会的、心理的、经济的和顾客化效益四个方面。姜永珠（2018）以食品网络商城为例，研究了消费者的关系效益对顾客忠诚度的影响，将关系效益分为心理的、经济的、社会的和顾客化的关系效益，以品牌形象和顾客满足为媒介变量，以顾客忠诚度为成果变量展开研究，其研究模型如图2-9所示。关系效益的构成要素文献研究总结如表2-18所示。

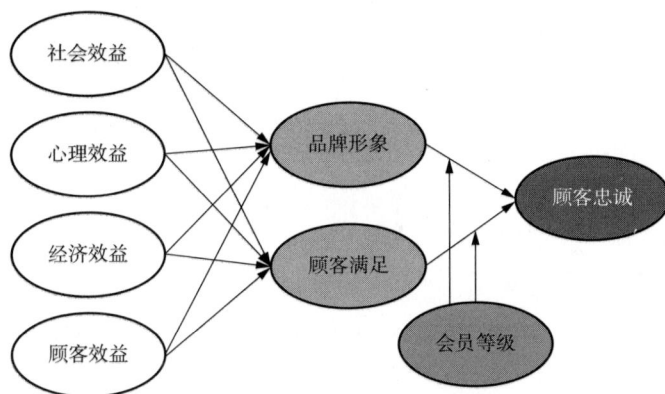

图2-9　姜永珠（2018）的研究模型

表2-18　关系效益的构成要素

研究者（年度）	经济效益	社会效益	确信效益	心理效益	附加效益	优待效益
朴钟武、李尚哲（2001）	○	○	○	×	×	×
朱成来（2003）	○	○	○	×	×	×

研究者（年度）	经济效益	社会效益	确信效益	心理效益	附加效益	优待效益
申钟七 （2004）	×	○	○	×	×	○
郑永株 （2004）	○	×	○	○	×	×
高银京 （2005）	×	○	×	×	×	×
崔元均 （2006）	○	○	×	×	○	
尹泰延 （2011）	×	×	○	○	×	×
朴宇镇、梁宰浩 （2011）	○	○	×	○	×	○
尹泰妍、文明熙 （2012）	○	○	×	×	×	○
李在东 （2018）	×	○	○	○	×	×

2.3.3 关系效益的先行研究

从关系效益的先行研究来看，为了保持企业与客户之间持续的良好关系，企业与客户都应该有效益，关系效益对企业和消费者之间关系的形成、维持、提升都具有重要作用，同时，可以通过关系效益阐明关系营销的重要变数。

贝亚蒂等（Beatty et al., 1996）认为良好的关系对于营销非常重要，因为它对客户具有积极的影响，并且通过关系效益对满意度、忠诚度、口碑和再购买意向影响的研究，将关系效益分为功能性效益和社会效益。研究发现，客户对销售人员越感到满意，社会效益对客户忠诚度越产生正向积极的影响。格温纳等（Gwinner et al., 1998）认为关系效益对忠诚度、好的口碑、关系持续意图、服务满意等产生有益的相关关系，消费者的关系效益感知是营销战略中的重要因素。

罗纳德和贝蒂（Reynolds & Betty, 1999）以零售服装店为中心，把关系效益区分为功能效益和社会效益，研究客户满意度、口传及忠诚度之间的关系。研究发现顾客感知关系效益越高，顾客越发满意，结果关系效益对企业口碑和忠诚度有直接的正（＋）影响。

朱成来（2003）分析了服装店与客户之间的长期关系发展过程模型，发现关系效益会影响客户的满意度、信赖、投入和长期定位。高银京（2005）研究消费者的关系效益和感知肯定性对服装商店的长期关系指向性的影响，结果表明，关系效益对满意度、信赖、投入等产生影响，为服装商店与消费者之间关系的持续发展提供了营销战略。

崔元均（2006）用信赖和关系投入作为参数研究了酒店健身俱乐部使用者感受到的关系效益对长期指向性的影响，结果表明关系效益对信赖和关系投入产生显著影响，信赖和关系投入保持长期指向性，即关系效益对持续意图产生积极影响。

姜明淑（2010）研究了关系收益（经济、心理、社会和特殊待遇收益）与餐饮业客户满意度和关系定位之间的关系。结果表明，关系利益的所有子维度都与客户满意度和关系导向具有正向相关关系。

全相泽和朴炳基（2018）考察了中国人在互联网商城环境中的关系利益的概念，并进一步探讨、确定了互联网商城中关系效益的因素（社会利益、心理利益、经济利益、定制利益）。许范英（2011）将航空公司与旅行社之间关系效益分为特别优惠、社会优惠、确信优惠三个方面，确定了关系投入、关系维持、关系影响三条路径。首先，航空公司的特别待遇（特别费用、座位优先分配、金钱奖励、广告支助、共同商品开发）中除了"广告费支援"因素外，所有因素都对社会优惠和确信性优惠有肯定的正向影响。其次，分析表明，社会优惠和确信优惠虽然对关系投入存在正向影响，但是对关系维持方面在统计学上并不产生有益影响。

李尚贤（2013）在咖啡专卖店的关系效益和关系持续性的影响关系中，假设信赖及关系投入会起到积极的媒介效果并进行研究。将关系效益划分为经济的、心理的、社会的、顾客化效益四个次级来源，首先，除了心理效益之外，其他所有因素都表明关系效益以信赖为媒介，对关系可持续性产生积极影响。其次，关系投入对关系效益的所有子维度和关系可持续性产生统计学有益影响。

朴炳基、全相泽（2014）研究了互联网购物中心用户的感知风险和关系效益对顾客满意度的影响，并将感知分析分为心理风险和经济风险，将关系效益分为心理效益和经济效益。他们的研究结果表明中国网店用户用同一变量测量的心理效益 vs 心理风险、经济效益 vs 经济风险对顾客满意度没有影响，但不同的效益和风险即经济效益 vs 心理风险、心理效益 vs 经济风险对顾客满意度有影响。金承焕（2016）在高尔夫参与者的关系效益和长期关系指向性验证研究中，验证了高尔夫练习场的关系效益和满意度、形象、评判等的长期关系指向性效果，并最终采用了关系效益对满足和长期关系指向性产生影响的假设。

尹善英（2017）认为航空里程效益对顾客满意度有肯定的正向影响，客户满意度对关系持续意图有正面作用，并且验证了关系效益对顾客满意度和再购买意图产生影响的假设。

李在东（2018）通过对烘焙专门店消费者关系效益根据品牌形象和品牌态度对再购买的影响研究，发现经济的、社会的、特殊待遇效益对品牌形象和满意度产生影响。同时确定了根据品牌形象和品牌态度对再购买决策产生积极影响的先行因素。其研究表明关系效益对品牌形象和态度的形成产生有益影响，也因此成为对消费者效益预测重要的市场营销成功战略。

朴钟哲、李光玉（2019）将酒店企业的关系效益分为社会效益、心理效益、经济效益和顾客化效益四个方面，他们的研究结果表明关系效益对满意度、投入、顾客价值、关系持续意图有重大影响，同时研究建议通过改善服务环境提升酒店消费者的服务感知价值。

由此可见，关系效益在企业与客户的关系中形成了多种关系效益，影响着消费者的信赖、品牌忠诚度、满意度、行为意图、长期指向性价值、转换壁垒等。关系效益的先行研究结果如表2-19所示。

表2-19　关系效益的先行研究

研究者（年度）	主要结论
贝亚蒂等（1996）	良好的关系对顾客有积极的影响，对营销非常重要，关系效益影响满意度、忠诚度、口传、回购意图
格温纳等（1998）	消费者的关系效益认知是营销战略的重要因素
罗纳德、贝蒂（1999）	感知关系效益越高，满足感越强，最终表明关系效益对忠诚度有直接的正向（+）影响
朱成来（2003）	关系效益影响顾客满意度、信赖、投入、长期导向
高银京（2005）	关系效益对满意度、信赖、投入等的影响，是能够提供在时尚店铺和消费者之间维持持续关系的营销战略
崔元均（2006）	关系效益对信赖、关系投入有显著影响，信赖和关系投入对持续意图也有显著影响
姜明淑（2010）	关系效益的所有子维度（经济、心理、社会、特殊待遇效益）都与顾客满意度和关系导向性有密切关系（+）

研究者（年度）	主要结论
许范英（2011）	除航空公司特殊待遇优惠的"广告费支援"因素外，所有因素都对社会优惠和确信优惠产生积极的正向（＋）影响
李尚贤（2013）	将关系效益划分为经济、心理、社会、顾客化效益的四个子层次，除心理效益外的所有因素中，关系效益以"信赖"为媒介对关系持续性产生积极影响
金承焕（2016）	验证关系效益和满意度、形象、口碑等长期关系导向性效果，关系效益影响满意度和长期关系导向性
尹善英（2017）	验证了关系效益影响顾客满意度及再购买意图的假设
李在东（2018）	关系效益对品牌形象和态度的形成有着密切的影响，因此预测消费者的效益提供了重要的营销成功战略的启示
朴钟哲、李光玉（2019）	表示关系效益带来的满意度、投入、顾客价值、关系持续意图的影响，并提出了改善服务环境的建议，可以带动使用酒店的顾客服务价值的上升

2.4　服务质量

2.4.1　服务质量的概念

服务质量最早由莱维特（Levitt，1972）定义，他认为服务质量是经由服务后的结果能够满足预期设定的标准。随后格鲁诺斯（Gronroos，1982、1984）认为服务质量是源于期望与认知表现两者的差异比较而得，顾客在接受服务时，会事先产生期望品质，其主要受到企业形象、过去经验与口碑等外在因素影响，而在接受服务之后则会产生经验品质。路易斯和米切尔（Lewis & Mitchell，1990）认为服务质量是衡量提供的服务必须符合顾客预期的程度。

帕拉休拉曼、蔡特哈姆尔和拜理（Parasuraman，Zeithaml & Berry，1985、1988）则将服务质量定义为"顾客对服务的期望与顾客接受服务后，实际知觉到服务之间的差距"，并认为服务质量是服务者和顾客间互动过程所产生的服务优劣程度。换言之，当知觉服务与期望服务两者相等时，代表服务质量普通；当知觉服务大于期望服务时，代表服务质量良好；当知觉服务小于期望服务时，代表服务质量不良。博尔顿和德鲁（Bolton & Drew，1991）通过研究得出了服务质量是消费者期望获得的服务与认知的服务两者差距的函数。而莱赫蒂宁（Lehtinen，1991）却认为服务质量应从"过程质量"与"结果质量"两大部分来评断，过程质量是指服务过程当中顾客对服务水准的判断，结果质量是指当服务完成后，顾客对此次服务结果的评价。洪嘉蓉（2004）则认为服务质量为消费者对于企业内所提供各项服务质量的整体性评价。黄明娟（2017）表示服务质量是一种顾客的主观认知与感受，抽象概念不易衡量。欧阳德庄（2018）指出服务质量在于了解并满足、符合甚至超越消费者的需求。

蔡特哈姆尔等（Zeithaml et al.，2002）认为在电子商务越来越普遍的情况下，购物网站成功的因素不再是网站提供的低价格与网站本身的存在，而是网站所传递的服务质量（Electronic Service Quality, e-SQ）。达亚尔等（Dayal et al.，1999）主张，网站提供之"服务质量"会影响网络使用者信赖网站的程度。另外，罗兰等（Roland et al.，2001）认为网络零售商所提供的服务不再限于交易订单的履行、顾客问题回复之即时性，真正的网络服务是指提供给顾客一种资讯互动的经验。由此可知，为了鼓励顾客重复购买及建立顾客忠诚度，企业必须转换焦点，从以往注重网络的交易成本进而转换到网络购物的服务质量上。对于网络零售业者来说，要留住顾客并促成交易，服务质量的提升将十分重要。目前，已有多位学者对服务质量进行了研究和探讨，如表2-20所示，对服务质量的不同定义进行了整理。

表2-20　服务质量的概念

研究者（年度）	概念
莱赫蒂宁（1982）	最初定义服务质量，认为服务质量经过服务后的结果是能够满足预期设置的标准
加文（1987）	服务质量比较了预期和认知表达的差异，顾客在接受服务时会提前产生预期质量，主要受企业形象、过去经验和口碑等外部因素的影响，接受服务后会产生经验
蔡特哈姆尔和贝蒂（1988）	真正认识到客户对服务的期待和客户接受服务后服务之间的差距。将服务质量视为服务者和顾客之间在交互过程中产生的服务优劣程度
布莱克（2000）	服务质量是消费者希望获得的服务和认知服务两者差距的函数
蔡特哈姆尔等（2002）	认为衡量服务质量是卖方所提供的服务符合买方期望的程度
金昌洙（1992）	服务质量应该从流程质量和结果质量两大部分进行评价，流程质量是顾客在服务的过程中对服务水平的判断，结果质量意味着该服务完成后，顾客对此次服务结果进行评价

续表

研究者（年度）	概念
李善美 （1994）	服务质量不必再与顾客期望的服务水平相比，而是可以直接衡量顾客认知的服务感受和服务质量水平达到了什么程度
金恩美 （2004）	是顾客对服务提供者长期服务表现的整体评价形成的态度
朴君诚 （2017）	达到了满足顾客要求和期待的程度
江正善 （2018）	一个组织为另一个组织提供的某种活动、技能得到对方认可的程度

从以上研究可以发现，服务质量强调消费者所感知到的服务质量，即期望与实际感受到的程度，而消费者在知觉过程中会受到服务本身的影响。随着网络商城的崛起，许多研究将服务质量扩展到网络领域，从网络商城与消费者的互动过程来看，网络商城服务质量是指网络商城有效率与效能的消费、购买与传递的程度[蔡特哈姆尔和马尔霍特拉（Zeithaml & Malhotra，2005）]。林秀芬（2006）也从消费者知觉的观点出发，认为网络商城服务质量是消费者在网络商城进行商品浏览、订购、付款及互动过程中，感知网络商城提供服务优劣的程度。上述服务质量也从消费者的期望与实际感受的程度来定义。然而，张秀慧、陈秀萍（2010）从消费者网络商城购买商品后的观点出发，指出网络商城服务质量是指在网络购物环境中，准时运送商品和服务、有效的订单追踪、及时回应顾客需求与充分个人化的售后服务。有关网络商城服务质量的定义，各研究均有不同解释，如表2-21列出各研究对于网络商城服务质量的定义。

表2-21　网络商城服务质量的概念

研究者（年度）	概念
洛希亚曹诺等 （2000）	是网站在技术上所形成的质量
蔡特哈姆尔等 （2002）	在网站平台上高效采购、采购及货物运输
帕拉休拉曼等 （2005）	网站上高效的消费、购买和传输的商品或服务的程度
金俊江 （2002）	顾客接受服务，主观认知给人的感觉

续表

研究者（年度）	概念
白京贤（2002）	客户和服务提供者在传递和交互之间产生对服务的知觉
朴炳培（2004）	顾客对服务的期待和接触服务后实际知觉服务之间的差异
江华军（2010）	消费者对网站设计、系统功能、内容和交互功能的期待满意度
孙金华（2012）	消费者在网上购物中心查询商品、订购、付款及交互的过程中，可以感知到网上购物中心提供的服务的优劣程度
李锡（2017）	在线购物环境中，准时运送商品或服务，有效跟踪订单，及时响应顾客需求和充分个性化的售后服务
张吉英（2019）	服务质量与以用户为中心的方法一致，是与顾客知觉相关的顾客导向概念。在没有可以客观评价服务质量的测量值的情况下，为了测量服务质量，就需要测量顾客对服务质量的知觉

由表2-21得知，各研究者针对网络商城本身及从消费者观点给予网络商城服务质量不同的定义，综上所述，笔者将移动购物应用程序的服务质量定义为消费者在移动购物应用程序进行商品选择、购买、付款以及交易互动中，所感受到的移动购物应用程序的服务程度。由上述研究发现，网络服务质量建立在企业与消费者之间的互动关系中，是消费者对期望与感知到的服务质量的差异，而网络的虚拟性无形中加强期望与实际间的差距，因此网络商城、移动购物应用程序等借助互联网平台的商城更应该重视消费者对服务质量的感受。

2.4.2 服务质量的构成要素

萨瑟、奥尔森和维科夫（Sasser, Olsen & Wyckoff, 1978）认为"服务质量"是以服务特性为基础的，从人员、设备和原物料来定义服务质量。随着时代的变迁，人们接受教育程度和生活品质不断提升，服务质量随之发展出新的概念。塔克奇和科尔奇（Takeuch & Quelch, 1983）根据消费流程步骤，针对消费前、消费时和消费后的服务品质提出评估准则。

齐默尔曼（Zimmerman, 1985）将制造业的质量控制观念运用在服务质量上，认为好的服务质量应具备即时性、合用性及重复制造能力、最后使用者的满意度和坚持预先设定的规格等原则。马丁（Martin, 1986）则强调服务质量应设定可行标准，包括程序方面和友善方面。帕拉休拉曼、蔡特哈姆尔和贝蒂（Parasuraman, Zeithaml &

Berry，1988）将服务质量视为一种态度的观念，定义为顾客对于企业整体程度的衡量，是一种态度（attitude），但不等同于满意（satisfaction），是由顾客对于服务的期望与认知相比较所得出的结果。

帕拉休拉曼等（Parasuraman et al.，1988、1991、1994）先后对服务质量的概念进行修正，以最初的10个服务质量决定因素为基础，经由因素分析建立五大构成内容，以22个问项衡量服务质量。服务质量量表（SERVQUAL）之五大构成内容分别是：有形性（tangible）、可靠性（reliability）、回应性（responsiveness）、关怀性（empathy）、保证性（assurance）。

随着网络时代及电子商务的发展，早期借由人力传送的服务，已经进步到由网络进行互动交易，消费者对于服务不再限于实体产品，因此服务质量的范围也由产品本身扩展到其他相关服务。在网络环境下，网络商店和手机移动应用程序商店的特性与实体商店完全不同，所以传统的服务质量的概念无法对服务质量进行有效测量。科特格尔和李（Kettinger & Lee，1994）认为在科技发达的咨询环境下，需要具有更广泛量测资讯系统服务品质的需求。科特格尔和李（Kettinger & Lee，1997）为改善服务质量的量测结果，以1994年的研究为基础，检测SERVQUAL的22项内容，删除"有形性"内容，并调整保留13项内容，发展出简短式资讯系统所适用的服务质量量表（IS Adapted SERVQUAL），电子服务（e-service）的概念由此逐渐受到重视。帕拉休拉曼（Parasuraman，2000）提出网络零售业成功关键因素在于"网络购物的服务质量"，随后学者陆续展开对网络服务质量的研究，并根据网络的特性，发展适合网络服务质量的衡量内容。蔡特哈姆尔等（Zeithaml et al.，2000）提出"网站能有效促进购物、产品或有效服务的传送的程度"，以此为基础诞生出PZB（指Parasuraman，Zeithaml, Bally）服务质量概念（图2-10）与SERVQUAL量表，将影响网络服务质量的因素概括为七个方面：有效性（efficiency）、可靠性（reliability）、完成性（fulfillment）、隐私性（privacy）、回应性（responsiveness）、补偿性（compensation）、接触性（contact）。

卡拉撒和加尔布雷斯（Kolesar & Galbraith，2000）也以SERVQUAL的五大构成内容发展出网络商城服务质量的五大评价内容，即有形性、反应性、保证性、体贴性、可靠性。沙赫里和克里斯丁（Shohreh & Christine，2000）以14个合并经营实体商店和网络商城的商家，以及9个单纯经营网络商城的商家为研究对象，由SERVQUAL量表发展出E-QUAL量表，用以衡量网络服务质量的7个方面为内容与目的（content and purpose）、可接近性（accessibility）、导览（navigation）、网站设计与重现（design and presentation）、反应力（responsiveness）、背景（background）、个人化与客制化（personalization and customization）。

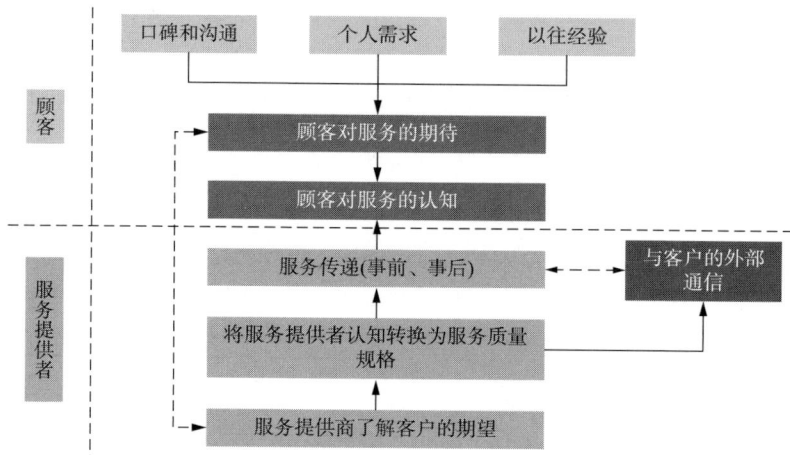

图2-10 PZB服务质量模型（1985）

刘和爱玛特（Liu & Amett，2000）以电子商务网站为研究对象，进行服务质量的探索性研究，以资讯系统归纳总结了网站服务质量的六个衡量内容，分别是学习能力、娱乐性、咨询质量、系统质量、系统使用性及协同沟通。帕拉休拉曼等（Parasuraman et al.，2002）也针对衡量一般网络商城（B2C）的部分提出网站服务质量的概念（e-service quality, eSQ）。帕拉休拉曼等（Parasuraman et al.，2005）再次以SERVQUAL量表为基础，发展出网络商城服务质量量表（E-core Service Quality Scale，E-S-QAUL），包含四个方面的内容：效率性（efficiency）、履行性（fulfillment）、隐私性（privacy）、系统可用性（system availability）。蔡特哈姆尔等（Zeithaml et al.，2005）指出电子商务是发生在交易前、交易中、交易后的所有信息接触点，因此网络购物的服务范围相当广泛，以e-SERVQUAL作为衡量网络服务质量，包括核心尺度和重获尺度，核心尺度为效率性（efficiency）、可靠性（reliability）、履行性（fulfillment）、隐私性（privacy）；重获尺度包括回应性（responsiveness）、补偿性（compensation）、联络性（contact）。

表2-22是蔡特哈姆尔等（Zeithaml et al.）于2002年提出的网络服务质量测量表。表2-23是蔡特哈姆尔等（Zeithaml et al.）于2005年修订的网络服务质量测量表。

SERVQUAL量表和E-S-QAUL量表虽然可以测量一般电子商务服务质量，却无法专用于测量移动购物应用程序的服务质量。因此随着时代的进步，衍生出多元移动服务类型。范雅筑（2012）提出MS-QAUL用于衡量移动服务质量，并界定移动服务质量的本质特征环境。MS-QAUL可衡量虚拟环境及真实环境，评估移动应用程序购物的服务质量，共由九个方面组成，分别是效率性（efficiency）、系统可用性（system availability）、内容（content）、履行性（fulfillment）、隐私性（privacy）、补偿性（compensation）、接触性（contact）、反应能力（responsiveness）、账务（billing）。

表2-22 蔡特哈姆尔等提出的网站服务质量（2002）

构成	内容
信息和内容 （information availability and content）	您可以在网站上获得产品或深度相关信息。客户可以直接通过网站解决购物问题
易用性 （ease of use）	客户感知的网站服务质量非常重要
隐私安全性 （privacy security）	隐私意味着个人信息保护，安全意味着为顾客提供金钱等的保护
视觉样式 （graphic style）	网站的版面、颜色、设计等
可靠性／可执行性 （reliability/fulfillment）	网站可以确保客户的产品或服务准时交付

表2-23 蔡特哈姆尔等提出的网站服务质量（2005）

服务质量种类	构成	内容
核心服务质量 （e-core service quality scale）	效率性	消费者在使用网站时可以迅速熟悉
	履行性	网站对订单的传送程度可以在商品项目中达到
	隐私性	网站保护客户个人信息的程度
	系统可用性	网站具有适当的技术能力

续表

服务质量种类	构成	内容
附加服务质量 （e-recovery service quality scale）	响应性	网站可以高效地回复和处理问题
	补偿性	网站在商品或服务出现问题时可以补偿的程度
	接触性	顾客得到服务人员的帮助

基于移动购物应用程序缺少顾客与销售人员面对面的接触服务，笔者认同帕拉休拉曼等（Parasuraman et al., 1988、1991、1994）、沙里荷和克里斯汀（Shohreh & Christine, 2000）针对服务质量所提出的看法，并根据产业特性的不同对SERVQUAL量表进行调整和修改。笔者将借鉴蔡特哈姆尔等（Zeithaml et al., 2005）、范雅筑（2012）的网站服务质量量表，结合移动购物应用程序的特性重新设计与修正，将效率性、履行性、补偿性作为对顾客服务质量优劣的衡量依据。

2.4.3 关于服务质量的先行研究

郑乃岑（2019）研究了中国最具代表性的移动购物App的服务质量对顾客满意度和再利用度的影响。该研究将服务质量的构成要素分为对应性、类型性、可靠性、确信性、共识性五个方面。相关研究结果显示，服务质量的类型性对顾客满意度没有产生重要影响。也就是说，中国移动购物App服务质量类型性对顾客满意度的影响不大。另外，手机购物App服务质量的对应性、可靠性、确信性、共鸣性对顾客满意度产生了重要的积极影响，并且移动购物应用的顾客满意度对再利用度也产生了重要的积极影响。

安佳英（2019）研究了消费者在手机购物环境中对服务失败的经验认知评价过程。该研究确认了服务失败经验带来的负面情绪和恢复、消费者反应之间的顺序影响及关系，通过对情境属性和个人属性调节效果的观察，确认了失败类型、品牌资产、感性功能之间的差异。相关研究结果显示，在品牌资产相互差异的前提下，相对于品牌资产较小的一方，品牌资产较大的一方的服务失败经历带来的负面情绪要大得多。

张晓亨（2018）研究了移动购物App的特性对顾客满意度和再利用度的影响。该研究建立了移动购物App的系统特性会对顾客满意度产生积极影响的假设，研究结果显示，系统易用性、安全性、实时连通性三个因素对顾客满意度产生了积极的影响。

与此同时，移动购物 App 的信息特性将对顾客满意度产生积极影响假设的研究结果也显示，信息的准确性、经济性、情境相关性三个因素对顾客感到满意起到了积极的作用。最后，相关研究结果验证了顾客满意度对再利用度有积极影响的假设。

张贤顺（2017）以在线服务质量模型为基础，了解了国内、海外直接购买市场上的在线购物网站的服务质量和内容质量对品牌信赖度和顾客满意度的影响，并分析了对消费者再利用度的影响。据调查，购物中心服务质量双向沟通（人与人、人与系统）、想要的内容（商品与服务）、商品及服务利用结果的及时通知与利用顾客的互动和对品牌信赖（商品质量、商品/服务的购买价值、品牌的熟悉度、商品的性价比）有着重要影响。

吴敏根（2016）研究了通过手机购买食品的消费者对物流服务的满意度对再购买意图的影响。研究结果显示，订单质量、配送质量、交换及退货质量三个因素都对回购意图产生了重要影响。另外，通过物流服务质量要素分析，订单质量、配送质量、交换及退款质量之间存在着密切的关系，但与交换及退货质量相比，其余两个因素对再购买意图的影响更大。

郭山（2014）以韩国和中国的网店用户为对象，探讨服务质量（通信、安全性、交易性、信息提供性、网站设计）对用户的顾客满意度和用户的再购买意图的影响，以及用户顾客满意度和再购买意图之间的影响关系，并对两国消费者之间存在哪些差异进行了比较分析。分析的结果显示，在韩国和中国网店的服务质量对顾客满意度都有着密切的影响。姜亮（2013）表示，韩国和中国网店的服务质量（网站设计、信息提供性、交易性、通信性、安全性）对顾客满意度有着密切的影响。

金光熙（2010）就网上购物网站服务质量要素，将再购买意图设置为结果变量，以对网上购物网站的信赖度和顾客满意度为参数，研究了服务质量对再购买意图的影响。相关研究结果显示，网络购物网站服务质量要素中的对应性和类型性在对网络购物网站信赖度产生积极影响的同时，对顾客满意度也产生了重要影响。由此看来，对网店的信赖度和顾客满意度将在服务质量和再购买意图之间起到中介作用。袁秀义（2011）在中国通过对网络购物网站的服务质量（类型性、可靠性、响应性、确信性、共鸣性、易用性）影响顾客满意度和再购买意图的关系的实证研究发现，服务质量对顾客满意度和再购买意图有影响。总结服务质量的先行研究，如表2-24所示。

表2-24 服务质量的先行研究

研究者（年度）	主要观点
金光熙 （2010）	据调查，网络购物中心的信赖在服务质量因素中，反应性、类型性和再购买意图之间起到了中介作用 顾客满意可以看作网络购物中心的服务质量和重新购买意图之间的媒介
袁秀义 （2011）	据调查，对于中国消费者来说，网络购物中心服务质量的属性（类型性、可靠性、响应性、确信性、共鸣性、易用性）对顾客满意度和重新购买意图有着密切的影响
姜亮 （2013）	从韩国和中国的实证分析结果来看，在韩国，服务质量与顾客满意度有着密切的影响关系
郭山 （2014）	网络购物中心的服务质量对顾客满意度、再购买意图在韩国和中国都有着密切的影响
袁春雨 （2014）	关于购物观光地的服务质量对中华圈游客访问韩国后满意度的影响，将购物地区作为调节效果
吴敏根 （2016）	通过相关分析，揭示了设置为物流服务质量要素的订单质量、配送质量、交换及退货质量之间存在着密切的关系
张贤顺 （2017）	据调查，购物中心服务质量对品牌信赖、顾客满意度有着密切的影响
张晓亨 （2018）	系统质量和信息质量的特性（易用性、安全性、实时连通性、准确性、经济性、情景相关性）影响顾客满意和再利用意图 易用性会影响态度，因此需要简化流程，不仅是菜单操作，还可以简化从商品选择到购买的过程
安佳英 （2019）	观察了零售服务恢复前后的退货和消费者反应的变化，结果显示，服务恢复后退货、不满意减少，关系持续意图增加，确认了零售商的服务所提供的补偿效果
郑乃岑 （2019）	在移动购物App中，App的可靠性、确信性、对应性和共识性等服务质量受到消费者的重视，这种服务质量，可以使其获得更高的满足感，充分维持顾客，因此重复使用的意图也会增加

2.5　满意度、信赖和投入

2.5.1　顾客满意度

（1）满意度的概念

顾客满意度（customer satisfaction）是指顾客对所购买的产品和服务的满意程度。顾客满意与否，是对一个产品可感知的效果，并自然形成一种感觉状态。顾客满意程度的高低，会影响企业的竞争力，甚至影响市场的占有率，可见顾客满意度对企业经营的影响。因此，如何提升顾客的满意度，已成为企业界的共识，也是企业的营销战略。辛格（Singh,1991）指出满意有多重构面，消费者对于满意程度的衡量，会因产业或对象的不同而有所差异。顾客满意的研究目的在于，研究、分析企业的努力成果在顾客心目中的满意程度，以作为企业竞争优势的比较及发展策略的重要参考指标。

在销售领域当中最早提出顾客满意这个概念的是卡多佐（Cardozo，1965），其指出当消费者满意度提升时，消费者日后会愿意重复性地购买，并且较有可能去尝试公司的不同产品。亨特（Hunt,1997）指出满意是一种情感上的衡量方式，进一步来说，顾客在购买产品或服务后，得到正向的感受，其所购买的产品或体验的服务和原本预期的一样好或更好，则认为其感到满意。福内尔（Fornell，1992）认为消费者评断向公司购买的产品或服务后的心得，再加上自己过往的相关经验，将会形成顾客满意。伍德拉夫和詹金斯（Woodruff & Jenkins，1983）则认为消费者考量使用商品或服务后的感受，所形成的总体反应即为顾客满意。

丘吉尔与苏普南特（Churchill & Surprenant，1982）认为消费者在购买产品或服务之前，预先设想的期望值与购后使用过产品的认知，两者相比之结果即为顾客满意度。伍德赛德和戴利（Woodside & Daly，1989）也认为，顾客满意度是消费者在购买产品或服务的当下，以及购买之后的感受，是一种综合考量的结果。

金锡俊（2008）认为消费者满意是消费者的欲求和期待得到最大的呼应，由此消费者会重新购买产品或者服务，并且消费者的信赖感会得到提升。姜炳瑞和赵哲浩（2005）认为消费者满意时对使用服务前和使用中以及使用后对所使用服务的积极的认知价值判断和持续反应。

徐熙京（2010）认为消费者购买产品，以及使用产品后，能够满足消费者期待的动机时，消费者是满意的；不能充分满足其动机时，消费者不满意。朴柱熙（2015）认为消费者满意度是消费者购买意识决定中通过产品使用感受所形成的要因根据满意基准做出满意或者不满意的判断，这个判断不单单针对产品，还需要评判企业提供的服务是否满意。

吴嘉慧（2011）认为满意度是指对于产品购后所做的评估；消费者以先前的期望与购后实际所产生差异的反应与评估。郭柄贤（2014）认为顾客满意度是顾客在时间上累积所产生的，产品或服务程度符合其心理价值，并非单次所形成的。笔者将顾客满意度定义整理如表2-25所示。

表2-25　满意度的概念

研究者（年度）	概念
卡多佐（1965）	满意度促使顾客重新购买，并衍生出其他购买行为
丘吉尔、苏普南特（1982）	顾客在购买产品或服务之前，将事先预想的期望值与购买后使用产品认知进行比较，结果是顾客满意
伍德赛德、戴利（1989）	顾客满意是消费者从购买产品或服务的角度，以及购买后感受到的体感、综合考虑的结果
福内尔（1992）	对消费者向公司购买的产品或服务进行评价，认为满意，再加上自己过去的经验，顾客就会满意
亨特（1997）	满意是一种情感上的计量方式，进而消费者在购买产品或服务后会有一种静态的感觉
金泰亮（2000）	消费者满意水平取决于对产品或服务购买后性能的认识和与消费者购买前预期的差异
姜炳瑞和赵哲浩（2005）	消费者在使用服务之前或使用服务期间及之后，对与服务相关的刺激是认知价值的判断，是持续的反应
金锡俊（2008）	最大限度地满足消费者的需求和期待，最终实现产品和服务的再购买，消费者的信赖感持续不断
金元民（2012）	对消费者交易的产品或服务，通过评价交易或利用时的体验来衡量满意与否，并在此基础上对构成满意度的各要素进行消费者的评价
金恩珠（2014）	使用购买的产品后，对产品进行比较或评价的观点，是在那个时间点认知过程中产生的情感反应
安白城（2015）	顾客满意度是顾客在时间上的累积，产品或服务的程度符合顾客的心理价值，并非优先形成的
陈子阳（2017）	顾客满意度给业者一个与顾客心中主观标准相比较的评价超过标准，满意度高，反之则低

纵观多个研究中的消费者满意的概念，可以发现消费者满意是营销及消费者行动领域的主要概念。笔者将消费者满意度定义为消费者在购买产品或服务之前的期待与消费者购买后使用过程之间的差异，即顾客通过移动购物App购买时尚产品之前对所选时尚产品的期待与购买后感受之间的差异。

（2）满意度先行研究

刘贤贞、金基玉（2000）认为在网络交易方面，消费者满意度由信息、商品的多样性/效率、购买后对服务的信赖感、超越时空的自由感、对支付配送的信赖感、对匿名性的兴趣等构成。金善亮（2002）认为消费者满意度是消费者通过电子商务购买产品时与购买相关的交易过程中自身期待与实际成果的比较，确定是否达到满意的水准。为了更好地了解满意度的水准，将其分为最大程度的便利性相关满意度、产品关联满意度、交易时系统关联满意度、交易后满意度四个部分。

金东贤（2004）在有关移动互联网服务的消费者满意度研究中，调查得出消费者对现在正在利用的移动互联网服务的平均满意度为3.92。按因素来看信赖性最高，其次是便利性、通信质量、消费者服务、内容、经济性、保安性。

张永柱（2006）将电视购物销售食品的满意度分为食品质量、数量、价格、配送、消费者咨询等13个问题。调查结果表明电视购物销售食品中满意度最高的部分是配送时间，接下来依次是包装、交换、退货、退款。与此相比，满意度最低的部分表现为重量、赠品、质量，配送和消费者咨询部分的满意度较高，而食品的质量及数量的满意度较低。

尹元根（2009）在网购的传统食品满意度研究中，考察了食品质量、价格、配送、便利性、信赖性和促销等对购买满意度的影响，研究结果表明，顾客满意度对再购买意图产生重要影响，同时能够增加顾客的信赖感。李俊昊（2009）在农产品购物商城使用消费者满意度的研究中，发现对便利性的满意度最高，其次是商品信息、货款结算、购物商城的设计、个人信息保护、商品价格、新鲜度、配送、交换及退款、商品的多样性。

黄勋和吕宗民（2011）将技术模型与美国客户满意度指数模型进行了集成，并得出一个通过安全性、信赖度和忠诚度三个变量研究了新客户满意度的模型。研究结果表明，感知的保安性、感知的实用性、感知的易用性及感知的质量对客户满意度有重大影响，客户满意度对客户的信赖和忠诚度有重大影响。

具承焕、王平、张成龙（2014）认为影响移动购物客户满意度的因素包括移动购物特性、经济性、安全、信誉、风险、服务质量等因素。此外，大部分研究结果表明客户满意对再购买意图呈正（＋）向关系。在团购网站或网上商城许多关于客户满意度与再购买意向之间的先行研究都叙述了独立变量与满意度、再购买意向之间的关系。在该过程中，说明存在满意度的媒介效果，满意度会对再购买意图产生正（＋）的影响。因此，在移动购物的购买要素和顾客满意、再购买意向之间的关系影响中，存在顾客满意的媒介效果。金智淑（2014）研究了移动食品购物商城消费者满意度，将顾客满意度分为便利性满意度、价格满意度、服务满意度、配送满意度、结算满意度和质量满意度六个方面。研究结果发现移动食品购物的消费者满意度平均为3.55，略高于普通水平，在下游因素中便利性满意度最高，相反质量满意度最低。

朴哲和全钟根（2015）以韩国、中国、美国、日本4个国家的2000名移动购物用户为对象进行了问卷调查。组成以智能手机知识、信息共享倾向、隐私担忧、性别、年龄、国籍等为独立变量的回归模型，研究结果表明除隐私担忧外，所有变量都对手机购物满意度产生一定的影响，即智能手机知识和信息共享倾向越高，年轻女性对手机购物满意度越高。另外，手机购物满意度的排序为美国、日本、中国、韩国。

罗善雅、李宥利（2015）的研究验证了顾客满意度对消费者行动和态度的影响，结果表明客户满意度、推荐意向和回购意向变量在客户满意度和企业绩效之间的关系中起着中介作用。顾客满意度对口碑产生积极的正（＋）的影响，由此吸引新客户，并通过再购买意图的提升增加购买频度。

黄唯溱（2015）研究证实产品质量、服务质量对顾客满意度有显著正（＋）的影响，产品质量、服务质量及顾客满意度与再购意愿有显著关联性。张政伟（2016）以中国台湾中华电信光纤网络为例，研究产品质量及服务质量对顾客满意度的影响。结果显示，产品质量及服务质量对顾客满意度有正（＋）的影响。张瑞麟（2017）以再生家具为例研究认知价值、顾客满意度与再购买意图之间的关系，研究结果发现再生家具与顾客满意度和再购买意图之间有正（＋）向且显著的关系。

金敬熙（2018）试图根据移动购物动机来验证消费者的购物价值和满意度及重新购买意图的相关性。分析结果显示，移动购物动机具有便捷性、便利性、冲动性、经济性四大要素。研究结果显示移动购物动机与消费者的购物价值相互影响。具体来看，冲动性对快乐购物价值影响最大，便利性对实用购物价值影响最大。另外，移动购物动机和购物价值对消费者满意度和再购买意图上都有着密切的影响。具体来看，移动购物动机中的便捷性对消费者满意度和再购买意图影响最大。

都学（2019）研究了移动购物的特点与移动购物的满意度之间的关系，查明了实用性购物价值的调节效果。因此，移动购物运营商应该积极考虑消费者的实用性购物价值，并制定相关营销战略。笔者将顾客满意度先行研究整理如表2-26所示。

表2-26 满意度的先行研究

研究者（年度）	主要观点
金东贤（2004）	在关于移动互联网服务的消费者满意度研究中，消费者对正在使用的移动互联网服务的平均满意度为3.92。满意度对信赖影响最大，保安性影响较小
尹元根（2009）	顾客满意度对再购买意图有重要影响，同时也会增加顾客的信赖感

续表

研究者（年度）	主要观点
黄勋、吕宗民（2011）	感知的安全性、实用性、易用性，以及感知的质量对顾客满意度影响较大，顾客满意度对顾客的信赖和忠诚度影响较大
具承焕等（2014）	满意度是媒介变量，满意度对再购买意图有正（+）的影响
金智淑（2014）	消费者满意度平均为3.55，略高于一般水平，在下游因素中便利性满意度最高，而质量满意度最低
都学（2019）	影响移动购物满意度的移动购物特性因素是满意度 移动购物顾客满意度对持续使用意图有积极影响
周鸿毅（2016）	产品质量、服务质量显著影响顾客满意度 产品质量对顾客忠诚度有显著影响 顾客忠诚度对再购买意图有显著正向影响 顾客忠诚度对产品质量和回购意图具有中介效应
张政伟（2016）	服务质量通过顾客满意度间接影响顾客忠诚度，顾客满意度对顾客忠诚度有正（+）的影响
林柏彦（2017）	品牌忠诚度、顾客满意度对再购买意图产生显著正（+）的影响
张瑞麟（2017）	认知价值对顾客满意度产生正（+）的影响，呈显著正相关 顾客满意度对再购买意图产生正（+）的影响，且存在显著关系

根据先行研究，笔者将顾客满意度定义为消费者通过移动购物 App 购买时尚产品，购买后所感受到的价值，以及对此交易过程所认为的满意及服务感受。参照丁超（2018）的研究，将顾客满意度分为产品满意度（产品属性、价格属性）和使用满意度（服务属性），如表2-27所示。

表2-27　满意度的构成要素

研究者（年度）	产品满意度				使用满意度			
	性能	多样性	设计	价格	退换货	配送	信息	便利性
闵东元、李恩英（1990）	○	○	×	○	○	×	○	×
计海景（1994）	○	○	×	○	×	×	○	×

续表

研究者 （年度）	产品满意度				使用满意度			
	性能	多样性	设计	价格	退换货	配送	信息	便利性
崔大勇 （2001）	○	○	×	×	○	×	×	○
崔恩正 （2002）	○	○	×	○	○	○	○	○
金秀贤 （2005）	○	×	○	○	○	×	×	○
徐熙景 （2010）	○	○	○	○	○	×	×	○
金元兵 （2011）	○	○	×	○	○	×	×	×
韩勋 （2013）	○	×	○	○	×	×	×	×
杨璐 （2013）	○	○	○	×	×	×	×	×
刘佳 （2017）	×	×	×	×	○	×	○	○

2.5.2 信赖

（1）信赖的定义

"信赖"在牛津英文字典的解释为：对人、事、物的品质属性，或事实的陈述觉得可靠或值得信赖。近来此概念已逐渐受到社会学者们的普遍重视，并成为各领域中进行研究探讨的主题，如心理学、社会学、组织管理等；除此之外，"信赖"也被应用于重大决策时的考量、新科技的采用之研究，甚至是网络使用者是否愿意使用网络服务之重要考量（黄柏章，2004）。由于"信赖"广泛地在各种不同领域中被许多学者以各种主题来进行研究探讨，而每个研究领域中皆有其针对的研究范围和研究议题，因此许多学者也分别针对其研究议题的需要为"信赖"进行不同的定义。

德里斯科尔（Driscoll，1978）与斯科特（Scott，1980）将信赖的形成过程分为两大类：第一类为一般成分的，包括行为基础信赖与情感基础信赖，第二类则是特别成分的，包括情况基础信赖与认知基础信赖。然而在丹尼尔（Daniel，1995）的研究中，则将信赖分为情感基础的信赖与认知基础的信赖两类。刘易斯·维格特（Lewis

Wiegert，1985）也提出人际之间存在着情感基础的信赖与认知基础的信赖。

摩尔曼等（Moorman et al.，1993）将信赖定义为依靠自己相信的交易伙伴的意愿，同时他们认为信赖的建立乃是源自对方在执行能力、可靠度及正直、诚信等方面的表现而决定的。梅耶尔等（Mayer，1995）则将信赖定义为不论交易的一方是否有能力监视或控制另一方的行为，其仍愿意相信另一方会履行所预期的重要行为。这个定义在于强调信赖者与被信赖者双方的互信关系，是针对交易对象的信赖，而非针对技术系统的信赖。

卢梭等（Rousseau et al.，1998）对这个概念提出一个共识的定义：信赖是一种因对于他人行为意图有正向的预期而愿意将自己处于易受伤害而敏感的处境的心理状态。其中对于他人行为意图有正向预期就是相信交易伙伴的行为是正直、负责而且不会伤害到自己的信念。

格伯雷诺和约翰逊（Garbarino & Johnson，1999）则认为信赖就是顾客对于组织所提供的服务质量及可靠度的信心。威廉姆斯（Williams，2001）认为信赖为一个人愿意在涉有投机风险的情况下依赖他人的行动。

关于信赖的研究在网络出现之前便存在许久，笔者主要探讨信赖的普遍概念，也就是所谓的线下信赖（offline trust）。为了加深对线上信赖（online trust）的理解，王和埃穆里亚（Wang & Emurian，2005）整合过去研究所探讨的信赖本质，提出四个普遍为研究者所接受的信赖特征，并将这些特征延伸至线上环境。线上信赖的特征分述如下：

①信赖者与被信赖者（trustor & trustee）：信赖与被信赖的双方是线上环境中建立信赖关系的重要角色，但彼此须为特定的实体。在线下，信赖者与被信赖者的位置能被许多不同的实体所替代；然而，线上信赖，信赖者通常是一个浏览电子商务网站的消费者，而被信赖者则是购物平台本身，更具体地来说，是网站所代表的供应商或卖家。

②易受伤害的（vulnerability）：由于高度复杂性与匿名性，卖家能在网络上以一种非预期的方式行动，消费者通常于线上交易的当下和交易之后感到不确定性，而在线上交易的过程中，消费者也容易受到侵害，如金钱与隐私权的损失。正如同杰芬（Gefen，2002）所述，即便消费者仅是浏览网站而非实际购物，个人资料也可能被搜集，且在没有经过同意或知晓的情况下，遭到移用或散布。基于上述原因，建立线上信赖是有必要的，这同时揭示了建立与维持信赖感所需面对的挑战。

③制造性行为（produced actions）：相较于线下信赖，线上信赖产生两种特殊的行为模式：线上购物行为，包括在交易中提供信用卡与个人资讯，如橱窗式购物（window-shopping）。上述行为皆会带来正面的结果（如实际或潜在的销售），为了参与这样的活动，消费者须预想他们所获得的将比失去的更多。

④主观问题（subjective matter）：如同线下信赖与个人差异、情境因素之间具有关联，线上信赖于本质上也是一种主观问题，不同的个体会导致信赖的程度有所不同。

李诗东（2009）将信赖定义为企业向消费者提供的信息来源和形态的正确传达，从而降低消费者对商品的感知风险，是对企业信息的信赖。尹东基（2012）认为信赖是对待他人的一种积极的态度，相信他人并对之产生依存。李美俊、王甫、崔政石（2014）在有关信赖的研究中，认为信赖是确定性和依赖性并存的，能够在社会和经济相互作用方面减少复杂性和危险性的重要因素。朴镇勇（2015）认为信赖是合作与相互依存的先决条件，有助于在公开交流情感、积极探索替代行动、获得更大的满足感，以及做出决策的动机等方面产生积极影响。

关于互联网信赖，韩相麟和程星锡（2007）认为信赖是消费者在公司信息基础上通过自身认知过程所形成的一种信念。林圭弘（2008）认为所谓信赖是指客户通过移动互联网服务购买服务及产品的过程中对产品、服务和交易产生的信赖。赵哲浩（2006）认为信赖是指对网购中客户需求的准确把握，对产品和服务信息差异化及承诺的认真履行的信赖。朴赞勋（2008）将信赖定义为消费者对在线环境的电子流程的信赖程度，以及由此产生的持续利用意图和接触意愿。王素菲（2017）认为互联网交易是非面对面的交易形式，因此信赖是交易过程中必须考虑的重要因素。尹成日（2019）在移动购物商城的特性、信赖、行动意图之间关系的研究中，认为信赖是相信企业或者交易对方的约定、对话和承诺，并且相信对方会忠实履行自己的义务。总结信赖概念的结果如表2-28所示。

表2-28 信赖的概念先行研究

研究者（年度）	概念
德里斯科尔和斯科特（1999）	将信赖形成过程分为两类：第一类包括一般成分的、基于行为的信赖和基于情感的信赖，第二类包括特殊成分的、基于情境的信赖和基于认知的信赖

续表

研究者（年度）	概念
摩尔曼等 （1993）	将信赖定义为依靠自己信赖的交易伙伴的意愿，他们认为信赖的建立是由对方表现出执行能力、可靠性、正直性、诚实性等决定的
梅耶尔 （1995）	信赖是指无论交易的一方是否有能力监视或控制另一方，都相信另一方执行预期的重要行为
施耐德曼（2000）	信赖是对他人行为意图的正确期待，因此容易受到伤害，处于敏感的心理状态
威廉姆斯 （2001）	信赖被认为是一个人甘愿承担投机风险，依赖于别人的行为
赵哲浩 （2006）	信赖是指顾客对网络购物中顾客需求的准确把握、产品和服务的信息差异化及承诺的认真履行的信赖
韩相麟和程星锡 （2007）	信赖是消费者通过以公司信息为基础的自身认知过程形成的信念
林圭弘 （2008）	信赖是顾客通过移动互联网服务购买服务及产品的过程中，对产品、服务和交易产生的信赖
李乃俊等 （2014）	信赖被认为是确定性和依赖性并存的，是减少社会和经济互动复杂性和风险性的重要因素
王素菲 （2017）	对于网络交易，信赖被认为不是面对面交易的形式，因此信赖是交易过程中必须考虑的重要因素
尹成日 （2019）	信赖是相信或交易企业对对方的约定、对话和承诺，相信对方会忠实履行自己的义务

（2）信赖的先行研究

为了探究影响线上信赖的因素，笔者将针对信赖的相关研究进行回顾与整理。这些因素通常被称作信赖的前因（antecedent）、潜在面向、影响因素或原则，能让消费者产生信赖感，决定手机购物网站是否值得信赖。

梅耶尔和肖曼（Mayer & Schoorman，1995）整理了1953～1992年关于信赖的研究，提出了建构信赖的整合性模式，该模式定义出三个值得信赖的因素：能力（ability）、关怀（benevolence）与正直（integrity），梅耶尔等（Mayer et al.，2001）指出这三个因素并非信赖的本质而是信赖的前因。杰芬（Gefen，2002）研究证实，电子商务之信赖是由梅耶尔等（Mayer et al.）提出的能力、关怀与正直所构成的。能力指的是网络商店具有足够的技术与能力来提供优良品质的产品与服务；关怀指网络商店除了获取合法的利润外，想替顾客做些好事，且此善意行为无关销售；正直意指网络商店遵循既定规则或信守承诺。

在网络环境中，基姆和乔比涅（Kim & Choobineh，1998）针对电子商务进行研究，提出由四个因素构成的信赖整合模型，此四个因素详情如下：

①资讯系统：资讯系统的安全性代表该系统能够确保交易资料的完整性、隐秘性及交易结果的不可否认性，因此网络使用者对于资讯系统的可靠性与安全性将影响信赖的建立。

②资讯环境：在线上环境中，资讯通过网站呈现在消费者面前，而这些资讯的显现方式也将影响使用者的感受，当网络界面的设计与浏览线路清晰时，就会让使用者产生信赖。

③执行任务：线上交易过程中会产生多类型风险，如与金钱相关的财务风险，时间所造成的损失，以及产品质量或服务内容不如预期的风险。

④个人特质：个人会因为过去不同的人格特质、背景与经验，而影响个人对人、事、物的信赖感受。在电子商务模式中，网络使用者会使用搜索资料或者使用服务。因此个人的信赖倾向是影响电子商务的重要因素之一。

而杰芬等（Gefen et al.，2003）的研究也证实了信赖的能力、正直和关怀的三个属性，能用来衡量顾客对线上产品或者服务经验的信赖程度，并且适合应用于电子商务的评估，笔者根据各学者对于信赖的研究加以整理归纳。

周润黄、赵熙英（2015）的研究表明环保农产品专业网购服务质量因素中，设计质量和结果质量对产品信赖和企业信赖都有统计影响。此外，在绿色农产品专业网购网站形象因素中，网站的视觉吸引力和购买后服务对产品信赖产生重要影响，在企业信赖方面，送达的成本和购买后服务因素都产生了有益的影响。

李圭河、郭基英（2015）研究了口传和第三方保证对信赖产生的影响。同时研究了作为调节变量的感知风险和感知价格因素如何影响信赖。研究结果表明，在网店中，口传和第三方担保是影响信赖的重要因素。而且感知风险（高风险认知集团、低风险认知集团）和感知价格（高价格认知集团、低价格认知集团）对信赖分别有不同的影响。

全相泽、李亨珠、李承熙英（2017）以客户满意和信赖的媒介作用为中心对中国购物网站使用客户的店铺形象对客户爱护度的影响进行研究，研究结果表明与信赖度相比，中国互联网购物中的顾客满意度对顾客忠诚度的影响更大，与此同时，中国在线商店客户满意度、信赖度将在商店形象和客户忠诚度之间起中介作用。

全相泽、吴绍、赵载天（2019）研究了消费者在网购环境中购买产品时所感受到的风险知觉因素对信赖和感知交易价值产生何种影响，以及在感知风险和信赖之间，感知价值发挥何种调节作用。研究结果表明感知风险对信赖产生重要影响，感知风险越高，信赖越低，感知价值和感知有用性在感知风险和信赖之间发挥调节作用，感知价值和感知有用性会减少感知风险，并加强信赖。总结信赖的先行研究，如表2-29所示。

表2-29　信赖的先行研究

研究者（年度）	主要观点
关岛和理 （2007）	验证了信赖作为先行变量，在网络商务中比在移动日常交易中起着更重要的作用
加纳和科斯 （2016）	消费者个人信息保护风险对移动电子营销产生负面影响，消费者的信赖和个人信息保护风险可以减少对使用移动营销意图的风险认识。信赖不足是移动营销应用程序的主要干扰因素
张明熙 （2005）	据调查，信赖对被感知的风险会产生负（-）的影响，在与购买意图的关系中，比起直接影响，更会产生以"态度"为媒介的间接影响
林圭弘 （2008）	移动环境中的顾客特性（使用经验、自我效能、创新性、社会文化）、移动性（即时性、连通性）对信赖和购买意图都有正（+）的影响
金宇成 （2010）	在网上购物中，验证了风险知觉类型（产品相关风险、媒体相关风险）对信赖和购买意图的影响力，表明了风险知觉对信赖有负（-）的影响，但信赖对购买意图有正（+）的影响
郑京洙 （2014）	对移动日常交易用户来说，信赖对满意度有正面影响，信赖及满意度对移动日常交易用户的忠诚度有着密切的影响
王素菲 （2017）	移动购物的安全性和情境依赖性对移动购物信赖度的影响在风险知觉高的群体中表现得更大
尹成日 （2019）	消费者对移动商城的信赖程度越高，就意味着向周围推荐该移动商城的意愿越高

注　感知风险和信赖互相影响，感知风险高，信赖度就低；信赖度高，感知风险就低。

笔者探讨分析的主体是移动购物App，移动购物App使用者对于移动购物环境有较高的认知风险，因此对信赖的衡量更为重要。如果以单一的信赖要因来衡量移动购物App则不足以解释，因此笔者采取多重因素角度探讨使用者的信赖行为，并以杰芬等（Gefen et al.，2003）所提出的能力、正直、善意三个要因，作为衡量信赖的要因。信赖的构成要素的先行研究如表2-30所示。

表2-30 信赖的构成因素

研究者（年度）	认知信任			情绪信任	
	能力	正直	体贴	诚实	善意
田艳（2009）	×	○	×	○	×
孟江（2010）	○	○	×	×	○
金光熙（2010）	○	○	×	○	○
金昌福（2011）	○	×	○	×	×
方林（2012）	○	×	×	×	×
洪贤珠（2012）	○	○	×	×	○
魏诗（2013）	×	×	×	○	×
孙鹤贞（2016）	○	○	○	○	○
李英焕（2017）	×	○	○	×	×
王信宇（2018）	○	×	×	○	×
尹成日（2019）	×	○	×	×	○

2.5.3 投入

（1）投入的定义

"投入"（flow）是指引导人和组织行为的某种心理状态，将个人与某种特定活动相结合的心理力量，以及人们专注于某项活动时所感受到的意识状态。格林和布洛克（Green & Brock，2002）认为从字面意思来看，投入意味着摒弃所有的杂念和周围所有的障碍，将自身的全部精神集中于在做的事情，类似于一种无我之境。

摩根和亨特（Morgan & Hunt，1994）认为投入是信赖度和关系营销中的重要因素，特定的交换当事者对于双方关系投入所持有的为了维持双方持续关系所进行的努力。

史密斯和西瓦库马尔（Smith & Sivakumar，2004）认为可以将投入的维度分为集中性和连续性的投入，有时会根据消费者的特性而频繁出现沉浸感，研究结果表明与一般投入相比，强烈投入可以使双方关系更长久、更持续。

契克森米哈赖（Csikszentmihalyi，1997）通过对投入的特征进行分析，投入表现为五个方面，第一个方面是在投入状态下产生强烈的注意集中，第二个方面是行为和意识相融合，第三个方面是通过投入忘记时间流失，第四个方面是从投入活动感受到强烈的控制感，第五个方面是通过投入满足自我。

梅耶尔和艾伦（Mayer & Allen，1991）认为投入分为行动投入和态度投入，行为投入是指通过购买或者投资等实际行动投入产品或者服务中，态度投入是指持续或者继续购买产品、服务的态度或者意愿。

金英熙（2006）认为投入是对某种事情享受和沉迷的一种状态，表示人们在做某件事情的时候完全意识不到周边的状况和时间的流逝，同时能够从所做的事情中感受到快乐和趣味。朴信惠（2009）认为"投入"这个词语包含很多概念，但是大部分都包含"沉迷进去"的意思，并且经常进行混用。基于此，朴信惠将其分为 flow、immersion、involvement、commitment 四个方面，第一，它是一种能够诱发愉悦和"flow"行动的像自然水流一样沉迷进去的心理状态。第二，"immersion"是指通过在不存在的空间当中感觉体验到的一种沉浸状态。第三，"involvement"是指人们认为某个对象非常重要，将自身的兴趣和注意力完全集中到这个事物上。第四，"commitment"是指感受到对某个事物的依恋，并愿意持续参与到与该事物相关的活动中。

秋顺珍（2003）尝试了以实证关系研究投入和未来利用意图之间的关系，其将关系投入分为情感投入、持续投入、规范投入等，其研究模型如图2-11所示。文英株（2007）认为投入是极度沉迷于任何特定事件或活动的心理状态。李廷元（2018）表示"通过投入，可以集中精神、全力以赴地完成任何任务，在完成任务的瞬间，可以感受到喜悦和满足"。

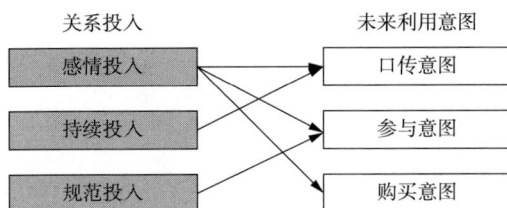

图2-11　秋顺珍的研究模型（2003）

克拉克等（Clarke et al., 1994）认为，投入是维持长期关系的必要条件，由于投入的概念，电子商务环境下在线企业和在线消费者之间可以进行互动。朴俊哲（2003）将投入定义为"顾客对网络购物中心的一种热爱，即对网络购物中心的约束感（Binding）"，认为投入对长期指向性关系的形成有重要影响。

方林（2012）表示，在网络环境下，顾客忠诚度是决定营业成功与失败的关键，但网络环境很容易接入和离开，因此很难长期维持顾客。因此出现了新的变量，即通过关系营销的顾客投入以防止顾客流失，从而保持长期的利益实现和竞争优势，保持更高的顾客忠诚度。

李彩妍（2013）认为，投入的概念对维持自己和他人之间的关系非常重要，为了维持关系，双方都要尽最大努力，从维持关系持续的需要出发，即使有其他选择，也要在行动上继续使用现有的东西，在情绪上也要保持投入的态度。

张晓珍（2015）以中国网店为对象，通过对网店特征对组织投入和顾客忠诚度影响的研究，将投入分为情感投入和规范投入两大类。情感投入是指从对特定对象的满足关系的经验中形成的积极情绪和关注。因此，情感投入是与顾客满意不同的概念，包含了与特定品牌保持持续关系的意志，因此可以成为预测顾客忠诚度的变数。规范投入是指在特定关系中感受到的道德义务感，也是一种内在价值观。规范投入是对企业尽忠职守，为企业的目的或利益着想，也意味着施加压力的内在规范体系（图2-12）。投入的概念，如表2-31所示。

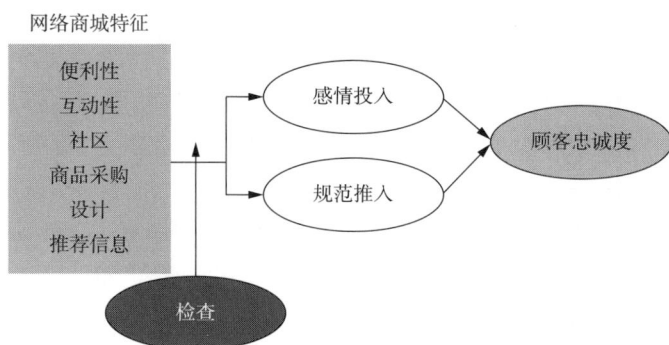

图2-12 张晓珍的研究模型（2015）

表2-31 投入的概念

研究者（年度）	概念
梅耶尔和艾伦 （1991）	投入分为行动投入和态度投入，行为投入是指通过购买或投资等实际行动投入产品或服务，态度投入是持续购买或继续购买产品、服务的态度或意愿
摩根和亨特 （1994）	投入是信赖度和关系营销中的重要因素，是特定交换当事人对双边关系投入所拥有的维持双方持续关系的努力
契克森米哈赖 （1997）	投入是一种意识的强烈集中，行为和意识的融合，可以忘记时间，满足自我
格林和布洛克 （2002）	投入类似于一种忘我的境界，抛开一切杂念和身边的一切障碍，把自己的全部精神集中在自己正在做的事情上
史密斯和西瓦库马尔（2004）	投入的纬度可以分为集中性和连续性的投入，根据消费者的特点，经常会出现沉浸感
曹政勇和郑仁根 （2002）	在网络环境中，通过影响客户忠诚度的投入，可以获得更大的利润和更强的竞争优势
朴俊哲 （2003）	通过将沉浸定义为顾客对网上购物的心理热爱，即对网上购物的心理和谐（binding），沉浸可能对长期导向关系的形成产生重要影响
金英熙 （2006）	投入是对某件事的快乐和投入的状态，表明人们在做某件事情的时候，完全没有意识到周围的情况和时间的流逝，同时从在做的事情中也能感受到快乐和乐趣
文英株 （2007）	对某一特定事物保持沉浸的心态
李廷元 （2008）	专注于某个任务，埋头工作的状态
李彩妍 （2013）	投入是指认为自己和他人之间的持续关系非常重要，双方都在尽最大努力维持这种关系
张晓珍 （2015）	投入可以分为情感投入和规范投入，可以作为忠诚度的预测变量

（2）投入的先行研究

梁承彬（2010）认为投入应用于购物、游戏和网络学习等许多领域，在对大学生的研究中，发现大学生通过参与网络社区和感知社会自我存在对投入有重大影响，并将投入定义为一种心理状态，在这种状态下，学生充分参与课程并发挥其最佳功能。

赵仁熙（2016）关于电视购物的研究认为，投入对消费者的购物动机有特别重要的影响，电视购物和节目主持人等因素对投入都有特别重要的影响。金仁秀（2012）

在网络游戏的研究中，发现投入理论被大量使用，网络游戏门户的相互作用交互对投入、信赖和未来意图产生影响，投入受到用户之间相互作用的影响，并对未来意图产生积极正向的重要影响。

李在信（2012）对生存选秀节目的观看和投入进行研究，结果表明观众对节目的投入对观众的满意度有特别重要的影响。研究结果表明，像这样的投入经验对使用者的满足感和持续使用意图也有特别重要的影响。

班赛尔等（Bansal et al.，2004）以汽车服务中心为研究对象的研究结果证实，消费者感情投入对消费者针对服务提供者的转换意图产生负向影响。古斯塔夫松等（Gustafsson et al.，2005）将客户流失作为变数，针对客户维持概念化的移动通信服务行业的实证研究证明了"感情投入"和"计算投入"对客户维持产生积极正向的影响。迈耶和赫斯科维奇（Meyer & Herscovitch，2001）认为，计算的投入意味着由于有限的选择或转换成本而依赖产品利益的冷静的、更加合理的经济基础的依存关系。

朴成妍、申智美（2006）认为，互联网购物的相互作用由企业与消费者之间的相互作用、企业之间的相互作用，以及消费者与消费者之间的相互作用三个要素构成，通过对各要素与互联网购物的投入和购买意图之间的关系进行研究，结果表明，企业与消费者之间的相互作用不仅对互联网购物的投入产生影响，也影响企业的收益。

李秀东、崔主石（2000）认为，互联网环境的投入表现为网站和消费者、消费者和消费者两个方面，假设网站的投入影响要因是共有价值和关系利益，消费者间的投入影响要因则是相互作用。独孤真（2001）的研究结果表示，情报商品的质量、网站的功能性、网站的技术支援、交流要因、名声要因通过投入媒介变量对关系维持意图产生影响。

申惠峰、林淑子（2003）认为，与销售员的努力对持续购买意图的直接效果相比，关系的满意度和投入作为媒介变量的间接效果影响更大。罗云圭（2010）的研究结果表明，韩国/美国消费者网络购物的e-CRM对投入产生重要的影响。

崔乐焕、李承俊、郑周英（2006）的研究将购物网站情感投入的形成过程从购物网站的网站特点和网购用户的个人心理状态角度出发的路径二元化，研究了消费者对网购的吸引力和"flow"对情感投入的影响。研究结果发现，互联网购物中心的声誉、独特性和亲密性影响着互联网购物中心的魅力性，消费者对网络商城的积极情绪和互动影响着网络商城的flow，网络购物的魅力性和flow对网络购物的情感投入产生重要影响。

崔赫俊和全基弘（2012）研究了品牌标识根据网络商城市场环境变化对品牌热爱、转换费用和品牌投入的影响。研究结果表明，品牌标识以转换费用为媒介对品牌投入产生正向积极影响，品牌标识以品牌热爱为媒介对品牌投入产生正向积极影响。

李廷雨、金美英（2013）研究了PC购物商城和移动购物商城时尚产品购买意愿之间的相关性，研究将投入分为表面投入、时间和信息搜索投入、应用程序投入、娱乐投入、沟通投入和交易投入。研究结果显示，娱乐投入和交易投入对购买意愿的影响较大，对PC购物商城有较高购买意愿的消费者对移动购物商城的购买意愿也比较高。

姜恩美、朴恩珠（2016）研究了服装品牌应用程序对移动购物投入和消费者满意度的影响，研究将服装品牌应用程序因素分为基本信息类型和附加信息类型两个维度。研究结果表明，服装品牌应用程序的基本信息类型对消费者满意度有直接影响，但是没有直接影响移动购物的投入。其他信息类型通过移动购物投入影响消费者的满意度。服装品牌应用程序的基本信息类型对消费者满意度的影响大于移动购物投入。

金惠珍、梁基雪、李英恩（2018）以关系质量的信赖和投入为媒介，探讨了顾客满意度对食品购物App顾客忠诚度（重新购买意图和推荐意图）产生的影响。食品质量的客户满意度和再采购意图之间投入的调节效果研究结果表明，在移动平台购买食品的过程中，投入水平越高，客户满意度与再采购意图之间的关系就越牢固。对移动平台购买食品质量客户满意度和推荐意图之间投入的调节效果进行分析后发现，使用移动平台购买食品时，即使投入水平较高，也无法确保客户满意度和推荐意图之间的牢固关系。

总结投入的先行研究，如表2-32所示。在前期研究的基础上，笔者将投入分为情感投入、持续投入两个方面，如表2-33所示。

表2-32　投入的先行研究

研究者（年度）	主要结论
班赛尔等 （2004）	消费者情感投入对消费者对服务提供者的转换意图产生否定负向影响
古斯塔夫松等 （2005）	在以顾客离开为变量对顾客维持概念化的移动通信服务行业的实证研究中，"情感投入"和"计算投入"对顾客维持有积极正向（+）影响
李秀东、崔主石 （2000）	网站投入的影响因素是共享价值和关系利益，消费者之间的投入影响因素是互动

研究者（年度）	主要结论
独孤真 （2001）	信息商品的质量、网站的功能性、网站的技术支持、沟通因素、评判因素通过投入参数影响关系维持意图
申惠峰、林淑子 （2003）	与销售人员的努力对持续购买意图的直接效果相比，关系的满意度和投入作为媒介变量的间接效果影响更大
朴成妍、申智美 （2006）	企业与消费者之间的互动不仅影响网络购物的投入，也影响企业收益
梁承彬 （2010）	大学生通过参与网络社区和感知社会自我的存在，对投入产生很大影响
罗云圭 （2010）	消费者网上购物的e-CRM对投入有重要影响
陈任燮 （2012）	网络游戏门户网站的互动会影响投入、信赖及未来意图，投入会受到用户之间互动的影响，对未来意图产生积极正向的影响
李在信 （2012）	投入经验对用户的满足感和持续使用意图也有特别重要的影响
赵仁熙 （2016）	投入对消费者的购物动机有着特别重要的影响，电视购物和节目主持人等因素对投入都有着特别重要的影响

表2-33　投入的构成要素

研究者（年度）	情感投入	持续投入	规范投入	计算投入
秋顺珍 （2003）	○	○	○	×
金英熙 （2006）	×	○	×	×
李廷元 （2008）	○	○	×	×
李彩妍 （2013）	○	○	×	×
王淑雅 （2014）	○	○	×	×
赵东锡 （2014）	○	×	×	○
张孝贞 （2015）	○	×	○	×
韩善熙 （2017）	○	×	×	×

续表

研究者（年度）	情感投入	持续投入	规范投入	计算投入
闵政人 （2018）	○	○	○	×
韩善熙 （2018）	×	○	×	×
李秀德 （2019）	×	×	×	○

2.6　忠诚度

2.6.1　忠诚度的定义

顾客忠诚度即顾客忠诚的程度，顾客忠诚度是指由于质量、价格、服务等诸多因素的影响，使顾客对某一企业的产品或服务产生感情意念，进而形成偏爱与重复购买的意愿。美国资深影响专家格里芬（Griffin，1995）认为，顾客忠诚度是顾客出于对企业或品牌的偏好而经常性重复购买的程度。雷奇汉和萨瑟（Reichheld & Sasser，1990）研究发现，公司设法降低5%的顾客流失率时，其利润可提高25%～85%；满意的顾客对企业的忠诚度会上升，而忠诚度上升代表顾客未来重复购买的概率将会大增。伍德拉夫（Woodruff，1997）认为顾客的忠诚度是企业竞争优势的重要来源。因此，大幅提升顾客忠诚度，将会强化企业竞争优势，最终使企业盈利。

忠诚的顾客会认为公司提供产品或附加服务比其他的替代产品或服务更佳，对于其他竞争者的促销活动具有免疫性，因此会有主动重复购买的行为，并且为该公司建立口碑。科特勒（Kolter，1991）认为，品牌忠诚的意义指消费者持续性购买某一特定品牌的倾向，而品牌忠诚度即对上述倾向的具体衡量。布特（Bhote，1996）指出，所谓顾客忠诚度，是顾客满意厂商所提供的商品或服务，导致他们愿意积极充当厂商的营销人员，为厂商作正面的宣传。奥利弗（Oliver，1999）则将顾客忠诚度定义为尽管受到环境和营销的影响而可能引发潜在的转换行为，但是顾客对所喜好的产品或服务的再次购买承诺仍然不变。博恩和修尔那克（Bowen & Shoernaker，1998）则指出，顾客忠诚度会让顾客有重复购买及将自身视为企业伙伴的可能。李和康宁安（Lee & Cunningham，2001）认为，顾客忠诚度是顾客基于过去的经验和未来的期望，意图经常惠顾现在提供服务的公司。安克莱斯等（Uncles et al., 2003）指出，顾客忠诚度为顾客对某一特定公司之交易偏好，承诺态度并常常惠顾其产品，且对亲朋好友做出推荐行为。海利尔等（Hellier et al., 2003）提出，重新购买意愿和推荐意愿是测量企业或产品忠诚度倾向的指标。许祐诚（2015）认为，忠诚度意味着顾客对较喜爱之服务与产品有重复购买行为。

崔胜日（2005）认为，客户忠诚度是指未来持续利用或更新企业的可能性，客户忠诚度非常重要，它通过维持长期交易为企业带来持续收益。雷敏（2010）认为，通过提升顾客忠诚度而增加再购买行为是一种很好的经营方法，通过消费者的口碑吸引新的顾客是一种非常有效的手段。安正基（2011）将客户忠诚度描述为，愿意重新与当前服务提供商或公司进行交易，并愿意重复使用特定产品或服务的客户的深度承诺程度。

谢奉辉（2013）关于互联网购物商城的顾客忠诚度影响要因的研究，认为顾客忠诚度是指顾客反复购买同一商家的产品或者服务，并且积极地向周边的人推荐该商家的产品或者服务。姜亮（2013）认为，互联网忠诚度受到环境要素和营销手段的影响，消费者对在互联网交易中的商品或者服务的一种感觉、约定和偏爱，会使其对其他竞争者产生免疫力。

关熙（2014）认为，忠诚度是网店盈利能力的重要指标，是指广大消费者保持忠诚、持续访问。在营销领域，将消费者继续重复利用特定行业、商店、产品的态度定义为顾客忠诚度，并将此视为对企业销售产生极大影响。孙晓航（2016）认为，网上购物中客户忠诚度是客户在各种选择中对某一电子商务交易企业，根据个人的兴趣爱好对商品和服务进行反复回购的一种态度和行为。综合以上先行研究，将忠诚度的概念进行整理，如表2-34所示。

表2-34　忠诚度的概念

研究者（年度）	概念
科特勒 （1991）	品牌忠诚的意义是消费者持续购买特定品牌的倾向
布特 （1996）	所谓顾客忠诚度，是指顾客对制造商提供的商品或服务感到满意，从而使他们能够积极充当制造商的营销人员，并为制造商进行积极的宣传
博恩和修尔那克 （1998）	顾客忠诚度可以促进顾客购买及将自己视为企业合作伙伴

续表

研究者（年度）	概念
奥利弗 （1999）	尽管受到环境和行为的影响，可能会引发潜在的转换行为，但客户对首选产品或服务的重新购买承诺不变
李和康宁安 （2001）	客户忠诚度是指客户的意图以过去的经验和未来的期待为基础，时刻关注目前提供服务的公司
安克莱斯等 （2003）	顾客满意度是消费者购买后的一种心理感受性和情绪认知
海利尔等 （2003）	回购意图和推荐意图是衡量企业或产品忠诚度倾向的指标
崔胜日 （2005）	顾客忠诚度是指未来持续利用或更新企业的可能性，顾客忠诚度对于维持长期交易，为企业带来持续收益非常重要
安正基 （2011）	将顾客忠诚度描述为希望与当前服务提供商或公司重新进行交易，并重复顾客对使用特定产品或服务的深层次承诺程度
谢奉辉 （2013）	顾客忠诚度为顾客反复购买同一商家的产品或服务，并积极向周围人推荐服务或产品
许祐诚 （2015）	忠诚度是对顾客喜欢的服务和产品进行重复购买或向周围其他人推荐的行为
孙晓航 （2016）	网上购物中的顾客忠诚度是顾客在各种选择中，根据个人喜好对某电子商务企业反复回购商品和服务的态度和行为

根据上述文献可知，顾客忠诚度，是顾客对产品或服务感到非常满意所产生的一种态度和表现，一个成功的企业要拓展新的客源远不如巩固现有的忠诚顾客容易，因此，顾客忠诚度是市场营销中的一个重要因素。笔者所说的顾客忠诚度，是指消费者通过手机购物应用程序购买时尚产品获得的一种满意的感觉，消费者会通过手机购物应用程序反复购买服装，并将所使用的应用程序介绍给身边的人。

2.6.2 顾客忠诚度的先行研究

斯图姆和特里（Stum & Thiry，1991）将顾客忠诚度分为三种类型，分别是购买该企业的其他商品与服务、向他人推荐、重复性消费。蔡特哈姆尔和帕拉休拉曼（Zeithaml & Parasuraman，1996）提出赞同性意见，把顾客忠诚度的构成要素分为五种项目进行衡量，分别是推荐该企业给其他人、持续忠诚、传递该企业的正面信息、愿意付出更高的价钱、消费更多金额在该企业的产品或服务上。

一般而言，有态度忠诚、行为忠诚与综合忠诚三种衡量方式。态度忠诚衡量常指顾客的情感与心理层面。然而，经常发生顾客可能很喜欢某企业，或品牌，或商品，但却不去消费的现象。这种现象发生的原因有可能是价格太昂贵[托赫等（Toh et al.,1993）]，故仅透过态度层面来衡量顾客忠诚度会造成偏差。行为忠诚衡量常以再购买意愿为指标性特征，然而再购行为并无法代表顾客对品牌忠诚之心理层面[特佩西（TePeci,1999）]。因此，上述衡量的缺失可由综合忠诚来改善，进而更加准确地预测顾客忠诚度（Pritchard & Howard，1997）。此后，多数学者衡量顾客忠诚度也往往采用综合忠诚[普里查德、霍华德，奥利弗，翁和索哈尔，鲍曼等（Pritchard & Howard，1997；Oliver，1999；Wong & Sohal，2003；Baumann et al.，2005）]。

贾瓦尔吉和莫贝格（Javalgi & Moberg，1997）认为，行为忠诚通常是以购买次数（frequency of purchases）来衡量的。而斯图姆和特里（Stum & Thiry，1991）认为，企业欲建立顾客忠诚度，有四项衡量行为忠诚的指标，分别为重复购买（repeat purchases）、购买产品和服务、推荐他人（give referrals）即口碑、面对其他竞争者的诱惑之免疫性。

另外，泰勒（Taylor，1998）于市场营销新闻（marketing news）中提出三项衡量顾客忠诚度的指标，其中两项以衡量行为忠诚为基础，即推荐他人产品或服务（recommend a product or service）、重复购买产品或服务（repurchase the product or service）。

麦金太尔和派克（McIntyre & Peck，1998）用重复购买/保留率（repurchase/retention rates）、顾客对产品平均之渗透力（average customer product penetration）、顾客对产品每年平均之交易量（average customer annual purchase volume）、顾客推荐他人之次数（volume of customer referrals）、平均购买量（average order volume）、购买次数（purchase frequency）六项指标来衡量顾客忠诚度。

塞尔尼斯（Selnes，2001）也提出两项衡量行为忠诚的指标，分别为顾客欲与供应商继续维持关系的意愿、顾客将供应商推荐给他人的程度。李等（Lee et al.，2001）也以重复购买、推荐他人（口碑）来衡量行为忠诚。乔杜里和霍尔布鲁克（Chaudhuri & Holbrook，2001）则以两项叙述来衡量行为忠诚，即下次我仍愿意购买此品牌之产品、我打算持续购买此品牌之产品。

综合上述之整理，行为忠诚包括四个构面，即购买次数、重复购买、推荐他人（口碑）、平均购买量。

贾瓦尔吉和莫贝格（Javalgi & Moberg，1997）认为，态度忠诚以顾客之偏好与对某品牌之倾向来衡量。而泰勒（Taylor，1998）提出，除了衡量原有的行为忠诚之外（推荐他人产品或服务、重复购买产品或服务），顾客忠诚度的衡量应该继续扩展至其他的衡量变数。例如，顾客多久会购买一次竞争者的产品或服务，即使竞争者提供本公司暂时无法提供之产品或服务时，顾客是否仍愿意等待。

而乔杜里和霍尔布鲁克（Chaudhuri & Holbrook，2001）除了以上述两项叙述来衡量行为忠诚之外，也以两项叙述来衡量态度忠诚，包括我认为我对这个品牌是忠诚的、我愿意以高于其他品牌的价格来购买它。然而，前述之李等（Lee et al.，2001）除了以重复购买、推荐他人（口碑）来衡量行为忠诚之外，也使用当竞争者推出更好产品时转换至竞争者之抵抗力作为态度忠诚的衡量方式。

安俊模、李国熙（2001）以网上购物用户为对象，将影响顾客忠诚度的因素分为网上购物系统质量、营销功能等，并进行实证研究。结果表明，购买产品价格、流通及事后服务、促销、信息质量、系统使用便利性等对顾客忠诚度产生重要影响。权英国（2005）在关于网店忠诚度的综合研究中，认为网络环境特性和网店特性之间的相互关系利益影响着客户的满意、投入和信赖，满意、投入和信赖再次对忠诚度产生重要影响。郑顺美（2003）关于网上商城服务质量对客户忠诚度和购买意图的影响的研究表明，客户导向性、便捷性、独创性和可靠性对客户忠诚度产生重要影响。刘安东（2003）关于不满的处理服务对客户忠诚影响的研究结果表明，消费者对处理客户投诉的满意度越高，对相关网店的忠诚度越高。李恩珠、郑敏浩（2014）在网络购物的客户忠诚度和相关变量 Meta 分析研究中，将网络购物和客户忠诚度相关的变因转换成服务质量要素、关系质量要素、产品、形象、转换费用、关系效益、网站吸引力等。

张美善（2003）将购物网站的忠诚度区分为行动忠诚度和态度忠诚度，研究结果显示，在行为忠诚度方面，购物网站的访问次数和购物经验超过一次的影响比较大；在态度忠诚度方面，再购买意图和向他人推荐该购物网站的意识影响比较大。因此，网络购物商城可以通过营销手段加强消费者对品牌的认识，同时，顾客忠诚度的提高对购物商城来说也具有很大的帮助。金哲民、赵光行（2004）认为 e- 忠诚度由认知性、感情性、意图性、行为性忠诚度等构成，针对在购物网站上有购买经验的顾客展开调研，研究结果表明，购物满意度对认知性、感情性、意图性忠诚度有积极正向（+）影响，转换成本只对意图性忠诚度有积极正向（+）影响。

朴恩珠（2008）在网络店铺中以时尚产品特性满足顾客和顾客信心为媒介，对顾客忠诚度的影响进行了实证验证。结果发现，服装商品特性通过先行变量对网络店铺顾客忠诚度产生重要影响，在商品特性对顾客忠诚度的影响中，顾客满意和顾客信赖是形成顾客忠诚度的重要因素。申智媛（2010）对服装购物网站的忠诚度决定因素的研究结果表明，服装网络购物的评判对顾客的购物商场忠诚度产生积极正向（＋）影响，另外，在购物商场和顾客间的关系中形成的满意和信赖对忠诚度产生积极正向（＋）影响。

张孝贞（2015）研究了中国网络购物商城的特性对顾客投入和顾客忠诚度的影响，将顾客投入分为感情投入和规范投入，作为媒介变量以验证对顾客忠诚度的影响。研究结果表明，中国网购中的投入（情感投入、规范投入）对顾客忠诚度产生重要的影响。黄道妍（2015）基于移动购物应用程序购买对顾客忠诚度的影响的相关研究，将智能手机依存性、鲜明购物感、购买接近感作为独立变量，将购买效能感作为媒价变量，探讨对满意度和顾客忠诚度的影响。研究结果表明，购买效能感对满意度产生了积极的影响，但是购买效能感并没有直接影响顾客忠诚度，而是通过满意度对顾客忠诚度产生影响。

高俊、崔秀贞、安白城（2015）的研究实证分析结果表明，网购群体中除了快乐价值外，从服务质量角度出发的对应性、共鸣性，以及从实用价值角度出发的有用性也能够增加顾客忠诚度。同时，服务质量及购物价值对顾客忠诚度产生重要影响。

孙晓航（2016）基于中国服装互联网购物网站购物倾向的网络商城特性对顾客忠诚度的影响进行研究，将顾客的购物倾向分为快乐倾向、便宜倾向、流行倾向、经济倾向和追求品牌倾向五个方面，将网络商城特性总结为产品的多样性、安全性、便利性、经济性、稀缺性和服务性六个方面。研究结果表明，在网络服装购物倾向与网购特性之间的关系中，购物便利性是最主要的特性因素，其次是产品的多样性、稀缺性和安全性。在网购特性与顾客忠诚度之间的关系上，产品的稀缺性和经济性是导致顾客忠诚度高的重要原因。

范军节、金根亨（2017）分析了在线购物中心的服务质量和系统质量对中、韩消费者购物忠诚度的影响。研究结果表明，在网上购物时，网络的连接速度和商家的反馈速度对韩国消费者的忠诚度影响最大，而中国消费者的忠诚度则很大程度上受商场所提供的信赖、亲密程度影响。

金惠珍（2018）研究了移动购物商城对消费者忠诚度产生的影响，具体探讨了移动商城的一般属性、移动商城的服务质量属性、移动商城的业体属性对忠诚度的影响。研究结果表明，在所有下位要因中，除了定位基础和系统利用便捷性外，其他因素都对忠诚度产生积极正向（＋）影响。

李宰弘（2018）以越南消费者为研究对象，对韩国网络购物中心提供的商品价格、商品质量、商品多样性、提供服务，以及客户要求服务对满意度的影响进行研究，继而研究满意度对忠诚度和再购买意图的影响进行了分析。结果表明，越南消费者对韩国网络购物中心的构成要素（商品价格、商品质量、提供服务，以及顾客要求服务）对满意度产生积极正向（＋）影响，购买满意度对顾客忠诚度产生重要影响。

金智恩（2019）基于流通企业智能手机移动应用程序全渠道"Omni-channel"活用化的购物价值对忠诚度的影响的研究，把应用程序的质量分为服务质量和信息质量，并将二者作为独立变量；将顾客价值分为经济价值和快乐价值两个方面，并将二者作为媒介变量，探讨其对忠诚度的影响。研究结果表明，购物价值对忠诚度影响的经济价值要因是价钱实惠，快乐要因是购物环境体验。徐智秀（2019）研究了网购的预期一致、预期不一致对客户满意度、客户信赖、客户忠诚度的影响。研究结果表明，成果高的群体是顾客满意、顾客信赖、顾客忠诚度高的群体，成果低的群体是顾客满意、顾客信赖、顾客忠诚度低的群体。总结有关忠诚度的先行研究，如表2-35所示。

表2-35　忠诚度的先行研究

研究者（年度）	主要观点
金哲民、赵光行（2004）	e-忠诚度由认知性、情感性、意图性、行为性忠诚度等组成，在购物网站上对有购买经验的顾客进行调查，研究结果显示，购物满意度对认知、情感、意图忠诚度有积极正向（＋）影响，转换成本只对意图性忠诚度有积极正向（＋）影响
权英国（2005）	网络环境特性、购物网站特性和关系效益影响满意、投入和信赖，满意、投入和信赖再次影响忠诚度
朴恩珠（2008）	服装商品特性通过前置变量对网络店铺顾客忠诚度产生重要影响，在商品特性对顾客忠诚度的影响中，顾客满意和顾客信赖是形成顾客忠诚度的重要因素
申智媛（2010）	服装网络购物的口碑对顾客的购物商场忠诚度有积极正向（＋）影响，在购物商场和顾客之间关系中形成的满意和信赖对忠诚度有积极正向（＋）影响
张孝贞（2015）	中国网络购物的投入（情感投入、规范投入）对顾客忠诚度有重要影响

续表

研究者（年度）	主要观点
黄道妍（2015）	购买效能感对满意度有正向影响，但购买效能感不直接影响顾客忠诚度，而是通过满意度影响顾客忠诚度
孙晓航（2016）	在网络购物特性和顾客忠诚度之间的关系中，产品的稀缺性和经济性成为提高顾客忠诚度的重要原因
金惠珍（2018）	除了定位基础和系统使用便利性之外，其他因素对忠诚度都有积极正向（+）影响
徐智秀（2019）	研究结果显示，成果高的群体是顾客满意、顾客信赖、顾客忠诚度高的群体，成果低的群体是顾客满意、顾客信赖、顾客忠诚度低的群体

笔者在前期研究的基础上探讨了顾客忠诚度，将忠诚度的衡量子因素分为再购买意图、口传意图、自我认知忠诚三类，如表2-36所示。忠诚度影响因素的先行研究总结，如表2-37所示。

表2-36　忠诚度的构成要素

研究者（年度）	再购买意图	口传意图	自我认知忠诚
贾瓦尔吉和莫贝格（1997）	○	○	×
泰勒（1998）	○	○	○
李等（2001）	○	○	○
张美善（2003）	○	○	×
金哲民、赵光行（2004）	○	○	○
柳永泽（2006）	○	○	×
高在允（2010）	○	○	×
李成熙（2016）	○	○	○
河龙圭、尹世南（2017）	○	×	○
赵玉文（2019）	○	○	×
朴永南（2019）	○	○	○

表2-37　忠诚度的影响因素

研究者（年度）	满意度	信赖	投入
尹南秀 （2003）	○	×	○
文熙妍 （2008）	○	×	×
韩金兰 （2011）	○	○	×
李承新 （2012）	○	○	○
谢奉辉 （2014）	○	○	×
李晓宇 （2014）	○	×	○
关熙 （2014）	○	×	○
金道熙 （2015）	○	×	○
高德子 （2015）	○	×	○
洪银花 （2016）	×	○	×
何梦 （2018）	○	○	×
尹永和 （2018）	○	×	○
赵玉文 （2019）	×	○	×
朴永南 （2019）	×	○	○

2.7　时尚产品参与度

2.7.1　参与度的概念

佩蒂（Petty，1981）将参与度定义为产品或服务的个人相关性，即购买产品或服务的必要性，或对产品的关注程度。安提尔（Antil，1984）曾将参与度定义为，在特定情况下刺激所引起的个人重要性或关注程度，同时指出参与度的四个原因变量：个人、情况、产品、交流存在相互关联性。参与度（involvement）是指消费者对各种范畴的关注和热情的感情戈德史密斯[Goldsmith et al.，1991]。拉曼（Raman，1996）进行了个人参与和认知欲望对自发广告曝光和广告效果影响的实证研究，他认为，参与度和认知欲望越高，对广告的自发曝光就越多，对产品的购买考虑也有积极的影响。

崔惠民（2017）认为，参与度与领导力、风险感知、创新性、品牌忠诚度、信息处理等其他消费者行为概念有关。例如，对时尚的持续关注表现出持续的参与，对于消费者喜爱的品牌，可能会出现品牌参与。金妙贞（2018）将参与度定义为，在特定情况下每个人对某个对象感知的重要性、相关性程度和关注程度。

金钟旭和朴相哲（2005）表示，根据消费者的参与度、满意度、购买行为等的影响程度可能不同。也就是说，参与度在态度形成或购买意愿决定过程中起到调节作用，是影响购买欲望程度的变量。参与度的概念如下，蔡奇科夫斯基（Zaichkowsky，1985）将参与度视为以个人内在欲望、价值、关心为基础的特定对象与个人被感知的相关性。郑素贞（2016）表示，参与度是个人在特定情况或产品上认知的重要性和关注的水平。柳仁平等（2014）表示，参与度是指对消失的商品或情况持续产生的个人欲望和关心，是情况因素，是对消费者态度形成及变化产生重要影响的变量。金秀妍（2019）将消费者文化、艺术参与度高、追求文化艺术需求满足倾向强的程度定义为艺术舒默参与度。

吴秀妍（2012）将时尚参与度定义为对衣服的同步、觉醒或关注的状态，是由特定的刺激和情况引起的。杰恩淑（2011）认为，时尚参与度通过个人特性反映对时尚的追求和价值，是自我概念，反映了感情上的热爱。金智慧（2010）表示，时尚产品的参与度是将参与概念中的特定对象限定为时尚产品，从而确定时尚领域产品参与的范畴。

李学植（2004）等解释说："在给定的情况下，个人对特定对象的重要性或知觉程度、关心度等个人相关性的知觉程度。"赵民国（2014）将参与度分为内容、对象、性格、强度4个维度，每个维度都有不同程度的差异，因此不能将参与度的概念作为整体意义使用。购买时尚产品的消费者，想要购买的商品价格越高，商品越重要就越慎重地做出购买决定，这些商品称为高参与商品；重要度低、价格不贵、购买错误时风险小的商品称为低参与产品。根据这种情况，消费者行为发生变化的消费者自我投入或自我参与程度被称为参与度（安光浩等，2008）。

金恩贞（2017）表示，在给定的情况下，对特定对象的个人重要性知觉程度，意味着以流行色为标准，表现出自我参与程度、反应和知觉敏感倾向的差异。朴恩美（2010）根据参与较多的前期研究，将参与度分为产品参与、服装参与、品牌参与三种。产品参与是指消费者对特定产品的关注程度；服装参与是指对服装商品进行活性化的个人重要性或关注程度，是包括流行参与在内的概念；品牌参与是指消费者对品牌或品牌产品的重视程度。姜恩美和朴恩珠（2017）认为参与度包括对时尚产品流行倾向变化的认识和对流行的兴趣和知识，并赋予时尚产品流行的关注和重要性。笔者整理了参与度的概念，如表2-38所示。

表2-38　参与度的概念

研究者（年度）	概念
安提尔 （1984）	作为产品、情况、通信交互的函数，被感知的个人的重要性
蔡奇科夫斯基 （1985）	基于个人原有的欲望、价值、关心等，对某个对象感受到的相关性
李学熙 （1991）	某个对象在特定情况下对一个人的相关程度或赋予意义的程度
洪成泰 （1992）	参与度（involvement）可以说是购买决策过程中消费者感受到的个人相关性或决策的重要性。如果某个产品的购买意愿决定与个人相关程度较高或是重要的，那么参与该产品评价的程度就会提高，这称为高参与情况
朴正熙 （1993）	产品参与是指与特定产品、商标相关的个人信念体系的强度或关注程度，是个人感受到的重要性
林宗皖 （1994）	在特定情况下，由刺激诱发而知觉到的个人重要性或关注度水平
李学熙 （2008）	在给定的情况下，个人对特定对象的重要性或知觉程度、关心程度，或在给定的情况下，个人对特定对象的相关性知觉程度
金正俊 （2009）	个人对特定对象的相关性知觉程度，或在特定情况下由刺激诱发而知觉到的个人重要性或关注度的水平
朴成辉 （2011）	消费者和信息是参与度的最基本要素
姜柏妮 （2012）	个人对时尚的关注度及个人认识时尚的重要度，在特定情况或刺激下参与级别可以变化
韩宝拉 （2013）	在特殊情况下，被认为是被刺激个人认识的重要性程度，并将重点放在消费者参与方面，观察消费者的参与度

2.7.2 时尚产品参与度的先行研究

郑甲洙（2011）在营销领域引入参与的概念后，将参与划分为高参与（high involvement）和低参与（low involvement）两类，研究消费者购买行为。

高参与是指消费者对某产品的关注度高，能够及时发现购买决策是否正确，能够及时意识到购买决定是否有风险，并且对各项购买决策之间的差异非常清晰，也意味着在购买产品时能够充分分析产品的价格与属性等问题，易形成对某产品的强烈忠诚度和偏好。相反，低参与是指购买者的自我价值（self-worth）与自我概念（self-concept）无关，是发生购买行为时，个人关注度（person relevancy）很低，即使做出错误的购买决定时也不易察觉，或对购买结果的不安感很低，意味着在购买产品和自我概念的相关性很小的情况下的产品购买情况。

赵裕京（2019）将对服装的参与按照强度分为低参与、中参与、高参与，依此划分消费者群体。并对这种服装参与下的服装购买行为进行了解，发现服装参与水平高的群体在选择服装时，对自我形象的张扬、设计、与身体的适合性等因素进行了重要评价；在选择店铺时，重视商品的质量、交易后的满意度、商品的颜色及多样性等。

元镇淑（2008）将产品的参与分为服装重要性关注、流行参与、商标间知觉差异，揭示了消费者对服装的参与及知识对六个服装价差源的影响，产品参与对除价格意识之外的所有服装价差源，消费者知识影响所有服装价差源知觉，消费者对服装的参与和知识是影响服装消费者价格知觉的重要变因。

柳美媛（2014）以大学生为研究对象，进行了产品参与度和广告模特的比较广告效果的研究。结果显示，对产品参与度高的消费者来说，即使不使用模特，他们的广告态度、品牌态度、购买意图也很清晰，但对低参与消费者来讲，如果广告中不使用模特，他们的广告态度、品牌态度和购买意图就会比较模糊。

在林景福（2007）的研究中，消费者的服装参与大致分为五个维度，即象征性、关心、流行、快乐、危险知觉。在参与层面上，象征性是指服装向他人展示职业、行为方式、喜好等线索，使其在穿戴者和知觉者之间成为意义传达。另外，服装参与对流行及购买服装相关行为产生影响，其重要性日益凸显。

金华洞（2016）认为，当某个消费者暴露在广告信息中时，主观参与度低的消费者即使不付出特别的认知努力，也会对给定的广告信息进行抽象处理，而主观参与度高的消费者在广告信息的理解和评价上会付出很多的认知努力。李钟明（2002）的研究结果验证了消费者的参与度越高，对移动时尚产品广告的记忆性（memorability）

也越强，在购买行动过程中也会注意到这些广告。

金京雅（2006）分析了青少年对电视剧赞助服装的认识和态度，查明了影响电视剧赞助服装PPL（引导付费）效果的变量，采用了青少年电视剧服装关注度、流行参与度、自我意识水平三个变量。结果显示，流行参与度对购买PPL赞助服装的意图有显著影响。

以流行参与度为调节性变量研究全球SPA品牌童装质量知觉影响的徐惠胜（2016）表示，流行高参与群体有功能性需求、个性追求、经济性需求、审美性需求及流行追求因素，流行低参与群体有功能性需求。据调查，只有审美性需求及流行追求因素对童装质量知觉有显著影响。但可以确认，流行参与度对满意度、口传意图没有调节效果。

南章贤等人（2013）通过参与度研究消费者的信息探索特性，分析了社交商务的信赖形成和购买意图中的调节效果。结果显示，在高参与群体中具有更高的相关性。金敏智（2019）认为，"在移动应用程序购物环境中，时尚参与度根据消费者个人的时尚关注度和重要度，对时尚产品名称的认知会有所差异。"这是利用体现时尚产品信息的产品名称进行信息探索过程中的差异直接或间接地影响购买意愿的表现。

林景福（2007）对女性购买者信息源利用类型对服装参与度及购物倾向的影响和服装购买行为进行了相关研究。结果显示，流行、服装参与群体对非人力信息源和人力信息源都产生了静态影响，功利性参与群体对人力信息源的利用产生了静态影响。申哲浩和池允浩（2014）认为，"通过社交媒体，顾客可以获得信息，而且在营销方面，利用社交媒体共享、扩散经验品牌的经验价值变得重要，根据商品参与度采取的购买行动也变得重要。"

柳惠美（2011）以20多岁到40多岁的女性消费者为研究对象，对服装参与度和内衣形象喜好度的相关关系进行了调查。结果显示，在流行参与度方面，装饰性形象和可爱形象与偏好度有显著的正（＋）相关关系。快乐性参与的情况是，除极简形象外，所有形象与偏好度有显著的正（＋）相关关系；在实利性参与的情况下，典型的、可爱的、迷你的、舒适的形象与偏好度有显著的正（＋）相关关系，装饰性形象与偏好度有显著的负（－）相关关系。整理有关时尚产品参与度的前期研究，如表2-39所示。

表2-39 参与度的先行研究

研究者（年度）	主要观点
泰格特等 （1976）	流行参与水平越高，实际服装购买数和平均购买价格就越高
斯普罗尔斯和伯恩斯 （1994）	流行参与度高的人与流行参与度低的人相比，新流行商品的采用更快，流行参与水平成为新流行采用的基本依据
朴惠媛 （1992）	随着流行参与度的不同，对商品或品牌的知觉也会发生变化
洪锦熙 （1995）	在夹克等高参与产品类型中，消费者的流行参与度遵循期待的服装满足途径，而在丝袜等低参与产品类型中，消费者的流行参与度完全没有影响
金在辉、安贞泰 （2003）	流行参与度高的群体更能回忆和记忆PPL的时尚商品，对PPL的商品好感度和购买意愿也较高
金钟旭 （2005）	以产品参与度为研究变量，根据产品参与度分析网络购物网站的产品多样性和信息提供性、游戏性和信赖对购买意图的影响
陈庆亚 （2006）	流行参与度对购买意图产生有益的影响
柳宗淑 （2008）	产品参与度是影响多广告效果的变量之一。根据消费者的产品参与度，确认多广告的信息形态对广告态度的影响力水平
表素珍 （2012）	运用媒介系统依赖理论，基于接受PPL这一广告形态的消费者立场，证明了消费者对PPL在广告效果的关系上，消费者的流行参与度和电视媒介依赖性的调节效果
尹成俊 （2012）	消费者的参与度在购买体验与冲动购买的关系中起到了一定程度的调节作用
王叶 （2013）	在流行参与度高的群体中，尽管了解网络购物中心的各种风险，但购买意愿比低参与群体高
李多爱 （2015）	确认在流行参与度高的群体中，实用产品比快乐产品具有更高的广告满意度
徐惠胜 （2016）	在流行参与度高、低群体中，功能性、审美性及流行追求因素对幼儿童装质量知觉产生显著影响 流行参与度对满意度、口传意图没有调节效果

03

第3章

研究模型和
研究方法

3.1 研究模型

笔者为了解中国一、二线城市"00后"消费者在使用移动购物应用程序发生购买行为时，购买时尚产品经验的满意度、信赖、投入对顾客忠诚度会产生何种影响。同时，为提高移动购物应用程序的竞争力，构建差别化移动购物应用程序的时尚产品销售战略。笔者在移动购物应用程序中根据购买时尚产品经验的子变量，建立满意度、信赖、投入和忠诚度的关系。在移动购物应用程序中，时尚产品购买经验子变量的满意度、信赖、投入对顾客忠诚度产生影响，满意度对信赖和投入产生影响，信赖对投入和忠诚度产生影响，投入对忠诚度产生影响，最后验证各变量的因果关系。

根据之前的讨论，设定（图3-1）所示的研究模型，即外部因素对满意度（$H1$、$H4$、$H7$、$H10$）、信赖（$H2$、$H5$、$H8$、$H11$）、投入（$H3$、$H6$、$H9$、$H12$）等产生影响，满意度对信赖（$H13$）、投入（$H14$）、忠诚度（$H16$）等产生影响，信赖对投入（$H15$）、忠诚度（$H17$）等产生影响，投入对忠诚度（$H18$）产生影响。

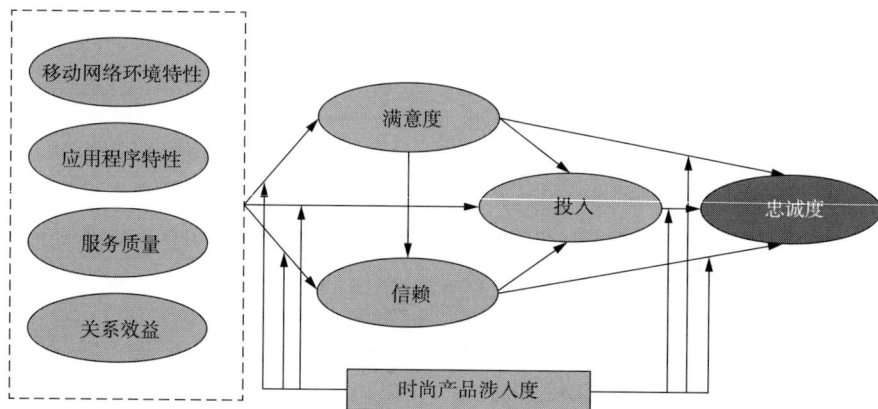

图3-1 研究模型

3.2 研究假设

3.2.1 外部因素和满意度、信赖、投入

在移动购物应用程序的外部因素中，在移动网络环境特性、移动购物应用程序特性、服务质量和关系效益中，满意度、信赖和投入有所不同，因此作出以下假设。

（1）根据移动网络环境特性讨论满意度、信赖和投入

移动网络环境特性的可访问性、实用性、开放性、普遍性等重要因素对移动购物应用程序购买时尚产品的满意度、信赖和投入起到重要作用。（宋智慧，2009；金恩东，2011；王小飞，2017；尹圣日，2019）

根据以上外部因素（移动网络环境特性）的讨论，可以作出以下假设。

*H*1.移动网络环境特性将对满意度、信赖、投入和忠诚度产生积极影响。

*H*1-1.移动网络环境特性将对满意度产生积极影响。

*H*1-2.移动网络环境特性将对信赖产生积极影响。

*H*1-3.移动网络环境特性将对投入产生积极影响。

（2）根据移动购物应用程序特性讨论满意度、信赖和投入

在移动购物应用程序的特性方面，交易、设计、信息、声誉、安全、易用等多个重要因素，对移动购物应用程序购买时尚产品的满意度、信赖和投入起到重要作用。（李宝美，2016；姜恩美、朴恩珠，2016；金延智，2017；金彩律，2018；郑乃倩，2019）

根据以上外部因素（移动购物应用程序特性）的讨论，可以作出以下假设。

*H*2.移动购物应用程序特性将对满意度、信赖、投入和忠诚度产生积极影响。

*H*2-1.移动购物应用程序特性将对满意度产生积极影响。

*H*2-2.移动购物应用程序特性将对信赖产生积极影响。

*H*2-3.移动购物应用程序特性将对投入产生积极影响。

（3）根据关系效益讨论满意度、信赖和投入

在关系效益中，社会心理效益和经济效益等重要因素在移动购物应用程序中，对购买时尚产品的满意度、信赖和投入起到重要作用。（崔元均，2006；李尚贤，2013；卢俊基，2015；关雨曦，2017；洪允旋，2019）

根据以上外部因素（关系效益）的讨论，可以作出以下假设。

*H*3.关系效益将对满意度、信赖、投入和忠诚度产生积极影响。

*H*3-1.关系效益将对满意度产生积极影响。

*H*3-2.关系效益将对信赖产生积极影响。

*H*3-3.关系效益将对投入产生积极影响。

（4）根据服务质量讨论满意度、信赖和投入

在服务质量方面，人力服务质量和技术服务质量等重要因素对移动购物应用程序购买时尚产品的满意度、信赖和投入起到重要作用。（李在宪，2008；孙振华，2012；

李秀智，2012；秋韩，2017；权美善，2018）

根据以上外部因素（服务质量）的讨论，可以作出以下假设。

H 4.服务质量将对满意度、信赖、投入和忠诚度产生积极影响。

H 4-1.服务质量将对满意度产生积极影响。

H 4-2.服务质量将对信赖产生积极影响。

H 4-3.服务质量将对投入产生积极影响。

3.2.2 关于满意度、信赖、投入和忠诚度的讨论

在满意度因素中，产品满意度和使用满意度等重要因素在移动购物应用程序（App）中，对购买时尚产品的信赖、投入和忠诚度起到重要作用。（安圣真，2009；宋鹏，2013；金贤宇，2017；千海光，2018）

根据以上对满意度的讨论，可以作出以下假设。

H 5.满意度将对信赖、投入和忠诚度产生积极影响。

H 5-1.满意度将对信赖产生积极影响。

H 5-2.满意度将对投入产生积极影响。

H 5-3.满意度将对忠诚度产生积极影响。

3.2.3 关于信赖、投入和忠诚度的讨论

在信赖因素中，认知信赖和情绪信赖等重要因素在移动购物应用程序（App）中，对购买时尚产品的投入和忠诚度起到重要作用。（朴泰英，2008；崔熙贤，2013；张龙俊，2018；孙孝恒，2019）

根据以上对信赖的讨论，可以作出以下假设。

H 6.信赖将对投入和忠诚度产生积极影响。

H 6-1.信赖将对投入产生积极影响。

H 6-2.信赖将对忠诚度产生积极影响。

3.2.4 关于投入、忠诚度的讨论

在投入因素中，感情投入和持续投入等重要因素在移动购物应用程序（App）中，对购买时尚产品的忠诚度有着重要影响。（李荷娜，2009；郑英惠，2010；朴尚哲，2012；张孝贞，2015）

根据以上对投入的讨论，可以作出以下假设。

H 7.投入将对忠诚度产生积极影响。

3.2.5　讨论时尚产品参与度的调节效果

参与度是影响消费者行为和决策的重要因素，特别是在研究消费者心理领域之一的广告领域。通过分析参与度的调节效果，分析消费者的行为。（姜允京、张贤钟、郑奎烨，2014）

根据以上对时尚产品参与度的讨论，可以作出以下假设。

H 8.时尚产品参与度具有调节外部因素、满意度、信赖和投入的效果。

H 8-1.因时尚产品参与度的差异，移动网络环境特性对满意度、信赖和投入产生影响。

H 8-2.因时尚产品参与度的差异，移动购物应用程序特性对满意度、信赖和投入产生影响。

H 8-3.因时尚产品参与度的差异，关系效益对满意度、信赖和投入产生影响。

H 8-4.因时尚产品参与度的差异，服务质量对满意度、信赖和投入产生影响。

H 8-5.因时尚产品参与度的差异，满意度对忠诚度产生影响。

H 8-6.因时尚产品参与度的差异，信赖对忠诚度产生影响。

H 8-7.因时尚产品参与度的差异，投入对忠诚度产生影响。

3.3　研究对象

采用抽样收集的方式进行问卷调查，并以在中国一、二线城市具有购买移动购物时尚产品经验的"00后"消费者为对象。选择一、二线城市的理由是一、二线城市"00后"消费者在全国"00后"群体中人口占比较大，同时一、二线城市的"00后"消费者与其他城市"00后"群体相比，更具有经济实力和消费能力，几年后将成为中国消费的主力军。

调查时间为2020年2月10～18日，共发放758份问卷，剔除不合格问卷后，最终收集有效问卷750份。

3.4　测量工具

利用问卷调查方式收集数据，为验证作为独立变量的移动购物时尚产品购买外部因素（移动网络环境特性、移动购物应用程序特性、服务质量、关系效益），与作为媒介变量的满意度、信赖以及投入之间的关系模型，运用了以下测量工具，如表3-1所示。

表3-1 测量变量

变量		构成
独立变量	外部因素	移动网络环境特性
		移动购物应用程序特性
		服务质量
		关系效益
媒介变量	满意度	产品满意度
		使用满意度
	信赖	认知信赖
		情绪信赖
	投入	感情投入
		持续投入
从属变量	忠诚度	回购意图
		口传意图
		自我认知忠诚
调节变量	时尚产品参与度	时尚参与度

3.4.1 外部因素

移动购物时尚产品购买外部因素分为移动网络环境特点、移动购物应用程序特性、服务质量及关系效益四个部分。

（1）移动网络环境特性

关于移动网络环境特性因素的问题，笔者修改并补充了权英国（2005）、宋智慧（2009）、朴镇旭（2011）、安白成（2015）、千智弘（2016）、孙玉英（2017）、柳权锡（2018）等的研究中使用的问卷问题。问卷由可访问性、实用性、开放性、普遍性4个次变量组成，共12个问项，采用5分Likert尺度进行测定，信度Cronbach's α值为0.76~0.91。

（2）移动购物应用程序特性

关于移动购物应用程序特性因素相关问题，笔者修改并完善了尹南秀（2003）、文瑞妍（2008）、李承信（2012）、黄度妍（2015）、申敏儿（2016）、陈紫阳（2017）、金泰范（2018）、郑乃千（2019）等的研究中使用的问卷问题。问卷由交易、设计、信息、声誉、安全、易用6个次变量组成，共18个问项，采用5分Likert尺度进行测定，信度Cronbach's α值为0.69～0.92。

（3）服务质量

在移动购物应用程序中，有关服务质量因素的问题，笔者修改并完善了金光熙（2010）、金昌福（2011）、王小飞（2017）、王新宇（2018）等的研究中使用的问卷问题。问卷由人力服务质量和技术服务质量的2个次变量组成，共6个问项，采用5分Likert尺度进行测定，信度Cronbach's α值为0.90。

（4）关系效益

在移动购物应用程序中，有关关系效益因素的问题，笔者修改并完善了卢贞淑（2013）、卢俊基（2015）、金秀京（2018）、辛正彬（2019）等的研究中使用的问卷问题。问卷由社会心理效益和经济效益2个次变量组成，共6个问项，采用5分Likert尺度进行测定，信度Cronbach's α值为0.87～0.93。

3.4.2　满意度

为调查中国"00后"消费者对移动购物应用程序的满意度，笔者修改并补充了金智淑（2014）、岳孝路（2015）、李宝美（2016）、李思贞（2018）、多克（2019）在消费者满意度研究中使用的问卷问题。问卷由产品满意度和使用满意度2个次变量组成，共6个问项，采用5分Likert尺度进行测定，信度Cronbach's α值为0.91～0.92。

3.4.3　信赖

为调查中国"00后"消费者对移动购物应用程序的信赖度，笔者修改并完善了金昌福（2011）、王小飞（2017）、王新宇（2018）、尹成日（2019）在消费者信赖度研究中使用的问卷问题。问卷由认知信赖和情绪信赖2个次变量组成，共6个问项，采用5分Likert尺度进行测定，信度Cronbach's α值为0.90～0.92。

3.4.4　投入

为调查中国"00后"消费者对移动购物应用程序的投入因素，笔者修改并补充了金芳林（2012）、王淑雅（2014）、李秀亨（2015）、闵正仁（2018）等的研究中使用的问卷问题。问卷由感情投入和持续投入2个次变量构成，共6个问项，采用5分Likert尺度进行测定，信度Cronbach's α值为0.82～0.88。

3.4.5　忠诚度

为调查中国"00后"消费者对移动购物应用程序的忠诚度，笔者修改并补充了朱敏熙（2009）、文贤奎（2013）、黄度妍（2015）、金惠珍（2018）、尹英花（2018）、张吉英（2019）等研究中使用的问卷问题。问卷由回购意图、口传意图和自我认知忠诚3个次变量构成，共9个问项，采用5分Likert尺度进行测定，信度Cronbach's α 为 0.85～0.91。

3.4.6　时尚产品参与度

为调查中国"00后"消费者的时尚产品参与度，笔者修改并补充了玄宝拉（2013）、郑素晶（2016）、崔慧敏（2017）、金内恩（2018）、黄秀妍（2019）等的研究中使用的问卷问题，共6个问项，采用5分Likert尺度进行测定，信度Cronbach's α 值为0.96。

3.4.7　人口统计学特点

笔者以中国"00后"消费者为调查对象，为调查移动购物时尚产品购买经验带来的外部因素、满意度、信赖、投入及顾客忠诚度之间的关系，笔者修改并补充了顺孝恒（2019）的研究中使用的问卷问题，共选定3个问项。

3.4.8　一般特性

一般特性中使用的测定工具内容及来源以中国"00后"消费者为主。为调查移动购物时尚产品购买经验的外部因素、满意度、信赖、投入及顾客忠诚度之间的关系，笔者修改并补充了郑超（2018）的研究中使用的问卷问题，共选定6个问项。

详细问卷内容如表3-2所示。

表3-2　问卷的构成内容

变量	构成	题数	合计	来源
移动网络环境特性	可访问性	3	12	权英国（2005），宋智慧（2009），朴镇旭（2011），安白成（2015），千智弘（2016），孙玉英（2017），柳权锡（2018）
	实用性	3		
	开放性	3		
	普遍性	3		

续表

变量	构成	题数	合计	来源
移动购物应用程序特性	交易	3	18	尹南秀（2003），文瑞妍（2008），李承信（2012），黄度妍（2015），申敏儿（2016），陈紫阳（2017），金泰范（2018），郑乃千（2019）
	设计	3		
	信息	3		
	声誉	3		
	安全	3		
	易用	3		
服务质量	人力服务质量	3	6	金光熙（2010），金昌福（2011），王小飞（2017），王新宇（2018）
	技术服务质量	3		
关系效益	社会心理效益	3	6	卢正淑（2013），卢俊基（2015），金秀京（2018），辛正彬（2019）
	经济效益	3		
满意度	产品满意度	3	6	金智淑（2014），岳孝路（2015），李宝美（2016），李思贞（2018），多克（2019）
	使用满意度	3		
信赖	认知信赖	3	6	金昌福（2011），王小飞（2017），王新宇（2018），尹成日（2019）
	情绪信赖	3		
投入	感情投入	3	6	金芳林（2012），王淑雅（2014），李秀亨（2015），闵正仁（2018）
	持续投入	3		
忠诚度	回购意图	3	9	朱敏熙（2009），文贤奎（2013），黄度妍（2015），金惠珍（2018），尹英花（2018），张吉英（2019）
	口传意图	3		
	自我认知忠诚	3		
时尚产品参与度	时尚产品参与度	6	6	玄宝拉（2013），郑素晶（2016），崔慧敏（2017），金内恩（2018），黄秀妍（2019）
人口统计学特点	性别	1	3	孙孝恒（2019）
	零用钱/工资	1		
	职业	1		

续表

变量	构成	题数	合计	来源
一般特性	移动购物时尚产品购买经验	1	6	丁超（2018）
	移动购物应用程序使用程度	1		
	移动购物应用程序使用理由	1		
	购买最多的时尚产品	3		
总题数			84	

3.5 资料收集和分析方法

应用SPSS 23.0数据分析软件进行频率分析、因子分析和相关性分析，同时应用AMOS 23.0结构方式模型确认各变量及假设验证。

第一，为了分析研究对象——中国"00后"消费者的人口统计学特性，使用频率分析（frequency analysis）。

第二，为了验证本研究的变量，即移动网络环境特性、移动购物应用程序特性、服务质量、关系效益、满意度、信赖、投入及顾客忠诚度的有效度（validity）和信度（reliability），进行信度分析（reliability analysis）、因子分析（confirmatory factorysis，CFA）和相关性分析（correlation analysis）。

第三，为了解变量，即移动网络环境特性、移动购物应用程序特性、服务质量、关系效益、满意度、信赖、投入及顾客忠诚度之间的关系，使用了T-test进行检验。

第四，为了分析主要因素——移动网络环境特性、移动购物应用程序特性、服务质量、关系效益、满意度、信赖、投入及顾客忠诚度之间的关系，运用了AMOS 23.0验证结构方程模型（structural equation model，SEM）。

显著性水平设定为$\alpha=0.5$。

04

第4章

研究结果

4.1 调查对象的人口统计学特性分析

笔者将资料分析中使用的被调查者的属性定义为人口统计特性进行观察。问卷调查时间为2020年2月10～18日，以在中国主要移动购物应用程序上有购物经验的"00后"一代消费者为对象进行问卷调查，共统计处理了750份调查结果用于数据分析。

全体调查对象的人口统计学分析结果如表4-1所示。

表4-1 人口统计学特性

区分	问项	频率	百分比/%
性别	男性	354	47.2
	女性	396	52.8
年龄	10～19岁	399	53.2
	20～29岁	351	46.8
职业	初、高中学生	154	20.5
	大学生	514	68.5
	上班族	82	10.9
月薪	1000元以下	270	36.0
	1000～1500元	260	34.7
	1500～2000元	102	13.6
	2000～2500元	46	6.1
	2500～3000元	25	3.3
	3000元以上	47	6.3
通过移动购物应用程序搜索信息的时间	每天1小时以下	486	64.8
	每天1～2小时	197	26.3
	每天2～3小时	45	6.0
	每天3小时以上	22	2.9
总计		750	100.0

根据被调查者的性别比例，男性为354名（47.2%），女性为396名（52.8%）。从年龄分布来看，10～19岁399人（53.2%），20～29岁351人（46.8%）。10～19岁受访者最多，20～29岁受访者最少。职业最多的是大学生514名（68.5%），其次是初、高中学生154名（20.5%），上班族82名（10.9%）。

在被调查者的月薪方面，月薪1000元以下的有270人（36.0%），月薪1000～1500

元的有 260 人（34.7%），月薪 1500～2000 元的有 102 人（13.6%），月薪 2000～2500 元
的有 46 人（6.1%），月薪 2500～3000 元的有 25 人（3.3%），月薪 3000 元以上的有 47
人（6.3%）。另外，在通过使用移动购物应用程序搜索信息的时间的调查中发现，每
天在 1 小时以下的有 486 名（64.8%），每天在 1～2 小时的有 197 名（26.3%），每天
2～3 小时的有 45 名（6.0%），每天在 3 小时以上的有 22 名（2.9%）。

在购买时尚产品时，如表 4-2 所示，消费者认为影响自己购买时尚产品的因子是
"具备多种时尚产品"（143 人，占比 18.9%），"连接方便"（125 人，占比 16.6%），"可
靠性/稳定性"（55 人，占比 7.3%），"产品质量可靠"（56 人，占比 7.4%），"快递配送
速度"（68 人，占比 9.2%），"服务（退货、保险、沟通）"（73 人，占比 9.9%），"低
廉的价格"（89 人，占比 11.8%），"节省购物时间"（132 人，占比 17.7%），"其他"（9
人，占比 1.2%）。

表 4-2　购买时尚产品时影响最大的因子

类别	问项	频数	百分比/%
影响最大的因子	具备多种时尚产品	143	18.9
	连接方便	125	16.6
	可靠性/稳定性	55	7.3
	产品质量可靠	56	7.4
	快递配送速度	68	9.2
	服务（退货、保险、沟通）	73	9.9
	低廉的价格	89	11.8
	节省购物时间	132	17.7
	其他	9	1.2
总计		750	100.0

据表 4-3 所示，在对"移动购物应用程序经常购买的时尚产品"的调查中，被调
查者选择上衣类中的衬衫类的 196 名（26.1%），其后依次为选连帽类的 164 名
（21.9%）、选夹克类的 135 名（18.0%）、选大衣和夹克类的 122 名（16.3%）、选针织类
的 79 名（10.5%）、选羽绒服类的 54 名（7.2%）。下衣类中选择最多的是牛仔裤及棉裤
类 313 名（41.8%），其后依次为连衣裙类 193 名（25.7%）、裙子类 159 名（21.2%）、
正装裤类 85 名（11.3%），其他中最多的是运动服 446 名（59.5%）。

表4-3 经常购买的时尚产品

特征变量	类型	样本数	百分比/%
上衣类	夹克类	135	18.0
	衬衫类	196	26.1
	大衣和夹克类	122	16.3
	针织类	79	10.5
	连帽类	164	21.9
	羽绒服类	54	7.2
下衣类	牛仔裤及棉裤类	313	41.8
	正装裤类	85	11.3
	裙子类	159	21.2
	连衣裙类	193	25.7
其他	内衣服装	304	40.5
	运动服	446	59.5
总计		750	100.0

4.2 对外部要素和满意度、信赖、投入、忠诚度、时尚产品参与度变量的信度与效度分析

4.2.1 变量的信度分析

信度是指用类似测定工具多次测定一个对象或用一个测定工具反复测定一个对象时，得到一贯性的结果的程度。信度是效度的基本前提条件。

测定移动网络特性的有12个问项，测定移动购物应用程序特性的有18个问项，测定服务质量的有6个问项，测定关系效益的有6个问项，测定满意度、信赖、投入的共有18个问项，测定忠诚度的有9个问项，测定时尚产品参与度的有6个问项，共有75个问项构成问卷。

测量变量的信度验证结果如表4-4所示，外部要素"满意度""信赖""投入""忠诚度""时尚产品参与度"的Cronbach's α值（信度系数）均在0.5以上，除了移动购物应用程序特性的安全Cronbach's α值（0.685）、移动网络环境特性的可访问性Cronbach's α值（0.764）以外，测量变量的Cronbach's α值均在0.8以上，可以判断为有效变量，信度很高。

表4-4 信度分析

变量	测量内容	问项数	Cronbach's α（n=750）
移动网络环境特性	可访问性	3	0.764
	实用性	3	0.818
	开放性	3	0.905
	普遍性	3	0.886
移动购物应用程序特性	交易	3	0.839
	设计	3	0.867
	信息	3	0.870
	平盘	3	0.865
	稳定性	3	0.685
	利用便利性	3	0.916
服务质量	人力服务质量	3	0.894
	技术服务质量	3	0.896
关系效益	社会心理效益	3	0.925
	经济效益	3	0.871
满意度	产品满意度	3	0.914
	使用满意度	3	0.920
信赖	认知信赖	3	0.901
	情绪信赖	3	0.915
投入	感情投入	3	0.884
	持续投入	3	0.822
忠诚度	回购意图	3	0.846
	口传意图	3	0.887
	自我认知忠诚	3	0.914
时尚产品参与度	时尚产品干预度	6	0.960

　　如果Cronbach's α值在0.8以上，则显示出非常强的信度。此次所有测量变量都显示为具有相当程度的信度，并且信度较高，因此可以认为问卷的整体信度较高。

　　从信度分析表4-4来看，服务质量、关系效益、投入、忠诚度、时尚产品参与度变量的Cronbach's α系数都大于0.8，可以判断为信度较高的变量。满意度变量与信赖变量的Cronbach's α系数均大于0.9，可以判断为信度很高的变量。

4.2.2 变量的效度分析

效度表示研究者想要测定的概念的准确性，一般分为内容效度、构建效度、概念效度等。因子分析是以多数变量之间的相关关系为基础，找出很多变量中内在的系统结构的方法，是简单地将很多信息提示转化为更少的因子的分析方法。

笔者通过主成分分析法（principle components）对因子进行提取，并使用方差最大化正交迭代（varimax）法对因子进行迭代，使公因子的负荷系数更接近1或更接近0，简化对因子的命名和解释。在因子提取过程中只选择固有值（eigen value）在1.0以上的因子，表示各变量和因子之间相关关系的因子载值大于0.4小于0.5时视为有效变量，大于0.5时判断为非常重要的变量并进行分析，其中还需要考虑到因子迭代后的各因子矩阵中具有意义值的题目的构成内容，查明各因子的性质。为了分析问卷变量的效度，以4个独立变量（移动网络环境特性、移动购物应用程序特性、服务质量、关系效益）、3个参数（满意度、信赖、投入）、1个调节变量（时尚产品参与度）和1个从属变量（忠诚度）的测定问题为对象进行因子分析。

首先，在独立变量的移动网络环境特性方面，如表4-5所示，导出4个因子，即因子载值大于0.687，固有值（eigen value）大于1.0。这4个因子（接近性、有用性、开放性、便捷性）累计说明77.912%的共同分散。

表4-5 移动网络环境特性相关因子分析结果

问项		移动网络环境特性			
		接近性	有用性	开放性	便捷性
1-1	移动购物应用程序有可以询问疑问事项的另外方法	0.800	0.266	0.206	0.089
1-2	移动购物应用程序用户相互交换各种意见和信息	0.790	0.168	0.221	0.260
1-3	移动购物应用程序可以迅速回应用户的意见和不满	0.711	0.287	0.426	0.191
1-6	移动购物应用程序有助于我购买时尚产品时提高效率	0.316	0.818	0.182	−0.014
1-5	可以达到得到更多的价值目的	0.293	0.711	0.197	0.394
1-4	如果使用移动购物应用程序，就可以有效地找到想要的时尚产品	0.264	0.687	0.312	0.260
1-9	移动购物应用程序不受年龄、性别限制，任何人都可以登录	0.270	0.188	0.810	−0.017

续表

问项		移动网络环境特性			
		接近性	有用性	开放性	便捷性
1-8	移动购物应用程序不受场所限制，在任何地方都可以连接	0.264	0.258	0.800	0.014
1-7	移动购物应用程序不受时间限制，随时都可以登录	0.355	0.351	0.758	−0.151
1-12	移动购物应用程序与场所无关，可以立即使用必要的信息和服务	0.277	0.160	0.085	0.809
1-10	移动购物应用程序与时间无关，可以连接网络购买时尚产品	0.262	0.284	0.072	0.785
1-11	移动购物应用程序在任何地方都能立即获得必要的信息，既方便又容易	0.361	0.238	0.125	0.771
固有值（eigen value）		1.911	2.217	1.103	4.119
分散 / 变量比率（% of variance）		15.927	18.472	9.188	34.326
累积分散 / 变量比率（cumulative% of variance）		15.927	34.399	43.578	77.912

注 抽取方法采用主体元件分析，转轴方法具有 Kaiser 正规化的最大变异法，第5次迭代后收敛循环，KMO=0.927。表中的问项顺序是根据探索性分析时导出数据的顺序确定的。

如表4-6所示，导出了6个因子，即因子载值大于0.521，固有值（eigen value）大于1.0。这6个因子（交易、设计、信息、平盘、稳定性、使用便利性）的累计共同分散为81.886%。

表4-6 关于移动购物应用程序特性的因子分析结果

问项 交易		移动购物应用程序特性					
		交易	设计	信息	平盘	稳定性	使用便利性
2-1	轻松确认并修改订单明细	0.720	0.273	0.309	0.191	0.234	0.117
2-3	在约定的时间内准确送达	0.699	0.217	0.341	0.289	0.139	0.160
2-2	搜索、订购的程序简单	0.540	0.459	0.343	0.144	0.334	−0.029
2-6	字体和图标制作得非常整洁	0.139	0.766	0.261	0.306	0.113	0.102
2-5	布局从视觉上看比较方便	0.096	0.231	0.712	0.367	0.237	0.180
2-4	很容易找到时尚产品的分类	0.338	0.570	0.483	0.198	0.052	0.108
2-9	传递信息以便于理解	0.156	0.313	0.702	0.332	0.206	0.140
2-8	提供多种多样的信息	0.239	0.391	0.646	0.129	0.360	−0.022
2-7	销售大量时尚产品	0.195	0.378	0.608	0.051	0.426	0.122
2-11	在用户中知名度很高	0.246	0.394	0.231	0.743	0.169	0.153

问项 交易		移动购物应用程序特性					
		交易	设计	信息	平盘	稳定性	使用便利性
2-12	推荐给别人	0.345	0.295	0.209	0.649	0.395	0.127
2-10	提供客户评论、评分等信息	0.248	0.403	0.301	0.521	0.335	0.083
2-15	造成金钱上的损失	0.135	0.104	0.128	0.100	0.956	0.122
2-13	个人信息被保护	0.267	0.160	0.179	0.137	0.873	0.096
2-14	认为会保密	0.248	0.253	0.222	0.179	0.831	0.049
2-18	审批方法简便	0.259	0.084	0.201	0.180	0.185	0.832
2-16	方便购物	0.260	0.048	0.232	0.200	0.268	0.777
2-17	很容易搜索到时尚产品	0.303	0.123	0.236	0.208	0.215	0.776
固有值（eigen value）		1.81	2.289	3.856	1.103	2.284	3.317
分散/变量比率 （% of variance）		10.503	12.717	21.243	6.130	12.688	18.425
累积分散/变量比率 （cumulative % of variance）		10.503	23.220	44.463	50.593	63.281	81.886

注 抽取方法采用主体元件分析，转轴方法具有 Kaiser 正规化的最大变异法，Kaiser 迭代方法，第7次阻尼后收敛循环，KMO=0.956。

在独立变量服务质量方面，如表4-7所示，导出了两个因子，即因子载值大于 0.775，固有值（eigen value）大于1.0。据调查，这两个因子（人力服务质量、技术服务质量）的累计共同分散为85.524%。

表4-7 服务质量相关因子分析结果

问项		服务质量	
		人员服务质量	技术服务质量
4-1	在手机购物软件中购买时尚产品时服务周到	0.865	0.320
4-3	在移动购物应用程序中购买时尚产品时，服务的业务处理熟练度非常出色	0.862	0.316
4-2	在移动购物应用程序中购买时尚产品时，服务会亲切地给予答复	0.855	0.341
4-4	在移动购物应用程序中购买时尚产品时，订单处理服务非常迅速	0.369	0.923
4-6	移动购物应用程序总是利用最新的革新技术	0.409	0.789
4-5	在移动购物应用程序中购买时尚产品后，将进行交换/退款/退货等服务处理	0.460	0.775
固有值（eigen value）		1.549	3.582

续表

问项	服务质量	
	人员服务质量	技术服务质量
分散 / 变量比率（% of variance）	25.821	59.703
累积分散 / 变量比率（cumulative% of variance）	25.821	85.524

注 抽取方法采用主体元件分析，转轴方法具有 Kaiser 正规化的最大变异法，第7次阻尼后收敛循环，KMO=0.921。

在独立变量关系效益方面，如表4-8所示，导出了两个因素，即因素载值大于0.736，固有值（eigen value）大于1.0。据调查，这两个因子（社会心理效益、经济效益）的累计共同分散为83.4%。

表4-8 关系效益相关因子分析结果

问项		关系效益	
		社会心理效益	经济效益
3-1	时尚产品购买活动的持续关系使应用程序产生亲密感	0.879	0.315
3-2	时尚产品购买活动的持续关系很好地掌握着个人的心理	0.807	0.429
3-3	时尚产品购买活动的持续关系使应用程序具有可靠性	0.736	0.517
3-4	如果持续利用时尚产品购买活动，就可以获得特别问项	0.345	0.864
3-5	持续的时尚产品购买活动可以获得追加折扣或免费	0.399	0.806
3-6	持续的时尚产品购买活动可以享受打折/补偿的优惠	0.425	0.797
固有值（eigen value）		2.581	2.424
分散/ 变量比率（% of variance）		43.022	40.408
累积分散/ 变量比率（cumulative% of variance）		43.022	83.430

注 抽取方法采用主体元件分析，转轴方法具有 Kaiser 正规化的最大变异法，第3次迭代后收敛循环，KMO=0.892。

对于参数满意度，如表4-9所示，导出了两个因素，即因素载值大于0.736，固有值（eigen value）大于1.0。据调查，这两个因子（产品满意度、使用满意度）的累计共同分散为83.430%。

表4-9 满意度因子分析结果

问项		满意度	
		产品满意度	使用满意度
5-1	对在移动购物应用程序中购买的时尚产品的质量表示满意	0.837	0.468

续表

问项		满意度	
		产品满意度	使用满意度
5-2	对在移动购物应用程序中购买的时尚产品的价格感到满意	0.800	0.426
5-3	对在移动购物应用程序中购买的时尚产品的设计表示满意	0.749	0.512
5-6	在移动购物应用程序中,购买时尚产品的活动非常愉快	0.405	0.866
5-4	对在移动购物应用程序中购买的时尚产品的配送表示满意	0.572	0.721
5-5	在移动购物应用程序中,对时尚产品购买活动的服务感到满意	0.581	0.720
固有值(eigen value)		2.730	2.450
分散 / 变量比率(% of variance)		45.497	40.826
累积分散 / 变量比率(cumulative% of variance)		45.497	86.323

注 抽取方法采用主体元件分析,转轴方法具有 Kaiser 正规化的最大变异法,第3次迭代后收敛循环,KMO=0.934。

在参数信赖方面,如表4-10所示,导出了两个因子,即因子载值大于0.708,固有值(eigen value)大于1.0。据调查,这两个因子(认知信赖、情绪信赖)的累计共同分散为86.538%。

表4-10 信赖因子分析结果

问项		信赖	
		认知信赖	情绪信赖
6-2	移动购物应用程序的广告和促销活动可以信赖	0.892	0.302
6-1	移动购物应用程序提供的时尚产品和服务质量可以信赖	0.728	0.527
6-3	相信通过移动购物应用程序购买时尚产品的决定是明智的	0.708	0.584
6-5	喜欢通过手机购物购买时尚产品	0.390	0.876
6-6	对通过手机购物购买时尚产品感到满意	0.419	0.856
6-4	对通过手机购物购买时尚产品感到放心	0.574	0.710
固有值(eigen value)		2.659	2.539
分散 / 变量比率(% of variance)		44.322	42.316
累积分散 / 变量比率(cumulative% of variance)		44.322	86.538

注 抽取方法采用主体元件分析,转轴方法具有 Kaiser 正规化的最大变异法,第3次迭代后收敛循环,KMO=0.912。

在参数投入方面，如表4-11所示，导出了两个因子，即因子载值大于0.665，固有值（eigen value）大于1.0。这两个因子（感情投入、持续投入）的累计共同分散为81.554%。

表4-11　投入因子分析结果

问项		投入	
		感情投入	持续投入
7-1	在移动购物应用程序中，完全沉迷于时尚产品的购买活动	0.871	0.210
7-2	在移动购物应用程序中，对时尚产品的购买活动怀有善意	0.816	0.363
7-3	在移动购物应用程序中，购买时尚产品是我非常喜欢的事情	0.842	0.313
7-6	通过移动购物应用程序购买时尚产品时，有时使用时间比预想的要长	0.277	0.938
7-5	在通过移动购物应用程序购买时尚产品的过程中，完全沉迷于购物	0.352	0.789
7-4	在移动购物应用程序中，作为购买时尚产品的活动，我将成为常客	0.583	0.665
固有值（eigen value）		3.725	1.618
分散/变量比率（% of variance）		54.590	26.964
累积分散/变量比率（cumulative% of variance）		54.590	81.554

注　抽取方法采用主体元件分析，转轴方法具有 Kaiser 正规化的最大变异法，第3次迭代后收敛循环，KMO=0.900。

从属变量忠诚度来看，如表4-12所示，导出了三个因子，即因子载值大于0.675，固有值（eigen value）大于1.0。这三个因子（回购意图、口传意图、自我认知忠诚）的累计共同分散为84.025%。

表4-12　忠诚度相关因子分析结果

问项		忠诚度		
		回购意图	口传意图	自我认知忠诚
8-1	除了移动购物应用程序外，无意转换为其他购物方式	0.888	0.277	0.300
8-3	在购买时尚产品时，经常使用移动购物应用程序	0.760	0.462	0.260
8-2	每当有必要订购时尚产品时，都会使用移动购物应用程序	0.720	0.321	0.503

续表

问项		忠诚度		
		回购意图	口传意图	自我认知忠诚
8-5	购买时尚产品的好处也会告诉别人	0.361	0.786	0.157
8-6	想积极向其他人推荐购物应用程序，并鼓励他们访问	0.404	0.768	0.192
8-4	在移动购物应用程序中，将积极谈论购买时尚产品	0.590	0.675	0.187
8-9	在购买时尚产品的活动中可以持续得到满足	0.362	0.268	0.795
8-8	我认为，在移动购物应用程序中，购买时尚产品的活动的信赖非常重要	0.339	0.357	0.771
8-7	我认为，在移动购物应用程序中，我是时尚产品购买活动的忠实顾客	0.366	0.393	0.716
固有值（eigen value）		1.586	2.275	3.700
分散 / 变量比率（% of variance）		17.626	25.283	41.116
累积分散 / 变量比率（cumulative% of variance）		17.626	42.909	84.025

注 抽取方法采用主体元件分析，转轴方法具有 Kaiser 正规化的最大变异法，第6次迭代后收敛循环，KMO=0.948。

4.3 模型拟合

为了验证适合度，在标准研究中 AMOS 拟合评价指标被广泛使用，如表4-13所示为 AMOS 拟合评价标准，如果研究模型的 CMIN（χ^2）值、p 值、CMIN/DF 值、GFI 值、AGFI 值、RMR 值、NFI 值和 RMSEA 值均在指标范围内，则表明模型拟合良好。

表4-13 AMOS 拟合评价指标

AMOS 拟合评价指标名称		适合度标准	适合度
CMIN（χ^2）	卡方（minimum chi-square）	> 0.05	采用
p	显著性	≥0.05	采用
CMIN/DF	卡方与自由度的比值	< 3	普通
RMR	平均平方（Root Mean-Square Residual）	≤0.05	优秀
GFI	拟合优度指数（Goodness of Fit Index）	≥0.90	普通
AGFI	调整拟合优度指数（Adjusted Goodness of Fit Index）	≥0.90	普通
NFI	规范拟合指标（Normed Fit Index）	≥0.90	优秀
RMSEA	近似误差均方根（Root Mean Square Error of Approximation）	≤0.05	偏高

表4-14显示了使用合成尺度的各变量的因子分析结果。为了验证收集的数据是否适合研究模型，通过AMOS进行确认性因子分析。为了验证适合度，在标准研究中AMOS拟合评价指标被广泛使用，与表4-13相同。

对中国"00后"消费者的确认性因子分析结果如表4-14、图4-1～图4-8所示。

表4-14　因子确定性检验结果

因子	χ^2	p	CMIN/DF	RMR	GFI	AGFI	NFI	RMSEA
移动网络环境特性	202.225	0	4.213	0.021	0.957	0.930	0.966	0.065
移动购物应用程序的特性	689.172	0	5.743	0.036	0.903	0.862	0.939	0.080
服务质量	76.351	0	2.258	0.014	0.968	0.917	0.978	0.017
关系效益	52.554	0	6.569	0.008	0.978	0.942	0.987	0.086
满意度	23.048	0	2.881	0.005	0.990	0.973	0.995	0.050
信赖	168.532	0	1.067	0.020	0.965	0.804	0.961	0.164
投入	111.089	0	1.886	0.023	0.953	0.877	0.965	0.131
忠诚度	179.709	0	7.488	0.020	0.951	0.908	0.970	0.093
时尚产品干预度	134.477	0	1.942	0.012	0.946	0.873	0.973	0.136

对移动网络环境特性的问卷调查结果显示，χ^2值为202.225（p=0.000），CMIN/DF为4.213，RMR为0.021，GFI为0.957，AGFI为0.930，NFI为0.966，RMSEA为0.065。虽然各个因子AMOS检验所得出的各项指标并不完美，但能评价为可以接受的水平。

构成移动网络环境特性的接近性、有用性、开放性、便捷性与期待一样，显示出大于0.4的因子载荷差异，因此可以说具有可靠性。

对移动购物应用程序特性的问卷问项的适合性和内在结构分析结果显示，χ^2值为689.172（p=0.000），CMIN/DF为5.743，RMR为0.036，GFI为0.903，AGFI为0.862，NFI为0.939，RMSEA为0.080。各个因子AMOS检验所得出的各项指标虽然并不完美，但能评价为可以接受的水平。

构成移动网络环境特性的接近性、有用性、开放性、便捷性，与期待一样，显示出0.4以上的因子载荷差异，因此可以说具有可靠性。

对服务质量的问卷调查结果显示，χ^2值为76.351（p=0.000），CMIN/DF为2.258，RMR为0.014，GFI为0.968，AGFI为0.917，NFI为0.978，RMSEA为0.017。各个因子AMOS检验所得出的各项指标虽然并不完美，但能评价为可以接受的水平。

构成服务质量的人力服务质量、技术服务质量与期待一样，显示出0.4以上的因子载荷差异，因此可以说具有可靠性（图4-3）。

对关系效益的问卷调查结果显示，χ^2值为52.554（p=0.000）、CMIN/DF为6.569、RMR为0.008、GFI为0.978、AGFI为0.942、NFI为0.987、RMSEA为0.086。各个因子AMOS检验所得出的各项指标虽然并不完美，但能评价为可以接受的水平。

构成关系效益的社会心理效益、经济效益与期待一样，呈现出0.4以上的因子载荷差异，因此可以说具有可靠性（图4-4）。

对满意度的问卷调查问项的适合性和内在结构分析结果显示，χ^2值为23.048（p=0.000），CMIN/DF为2.881，RMR为0.005，GFI为0.990，AGFI为0.973，NFI为0.995，RMSEA为0.050。各个因子AMOS检验所得出的各项指标虽然并不完美，但能评价为可以接受的水平。

构成满意度的产品满意度、使用满意度与期待一样，显示出0.4以上的因子载荷差，因此可以说具有可靠性（图4-5）。

对信赖的问卷调查结果显示，χ^2值为168.532（p=0.000），CMIN/DF为1.067，RMR为0.020，GFI为0.965，AGFI为0.804，NFI为0.961，RMSEA为0.164。各个因子AMOS检验所得出的各项指标虽然并不完美，但能评价为可以接受的水平。

构成信赖的认知信赖、情绪信赖与期待一样，呈现出0.4以上的因子载荷差异，因此可以说具有可靠性（图4-6）。

关于投入的问卷调查结果显示，χ^2值为111.089（p=0.000），CMIN/DF为1.886，RMR为0.023，GFI为0.953，AGFI为0.877，NFI为0.965，RMSEA为0.131。各个因子AMOS检验所得出的各项指标虽然并不完美，但能评价为可以接受的水平。

构成投入的感情投入、持续投入与期待一样，显示出0.4以上的因子载荷差异，因此可以说具有可靠性（图4-7）。

对忠诚度的问卷调查结果显示，χ^2值为179.709（p=0.000），CMIN/DF为7.488，RMR为0.020，GFI为0.951，AGFI为0.908，NFI为0.970，RMSEA为0.093。各个因子AMOS检验所得出的各项指标虽然并不完美，但能评价为可以接受的水平。

构成忠诚度的回购意图、口传意图、自我认知忠诚与期待一样，显示出0.4以上的因子载荷差异，因此可以说具有可靠性。

对时尚产品干预度的问卷调查结果显示，χ^2值为134.477（p=0.000），CMIN/DF为1.942，RMR为0.012，GFI为0.946，AGFI为0.873，NFI为0.973，RMSEA为0.136。各个因子AMOS检验所得出的各项指标虽然并不完美，但能评价为可以接受的水平。

　　时尚产品的干预度与期待一样，显示出0.4以上的因子载荷差，因此可以说具有可靠性。

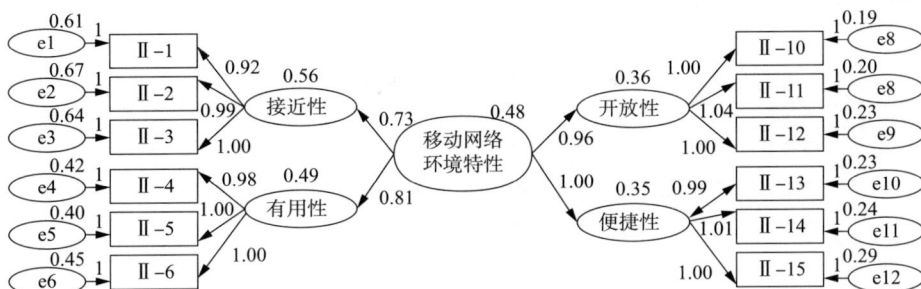

图4-1　移动购物应用程序的特性因子

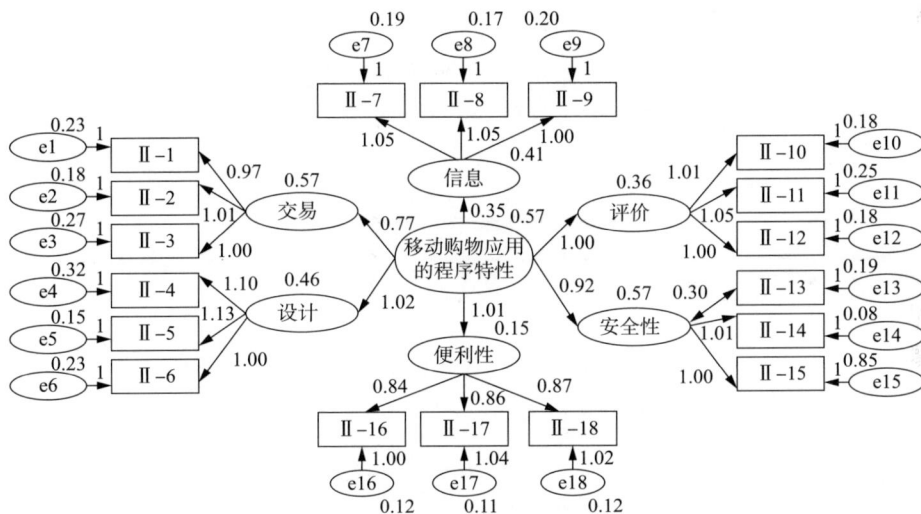

图4-2　移动网络环境特性因子

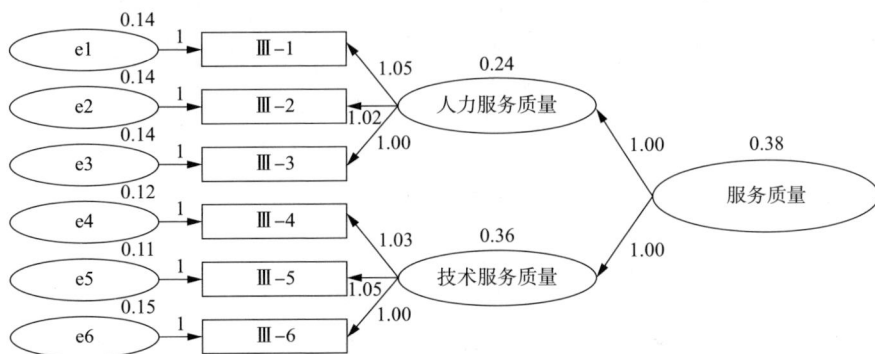

图4-3　服务质量因子

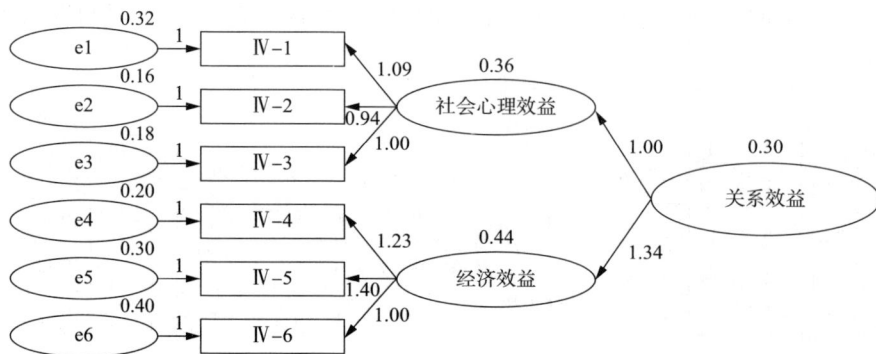

图4-4 关系效益因子

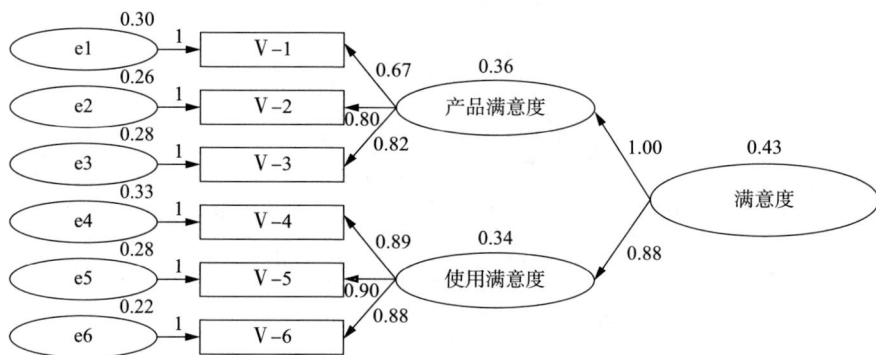

图4-5 满意度因子

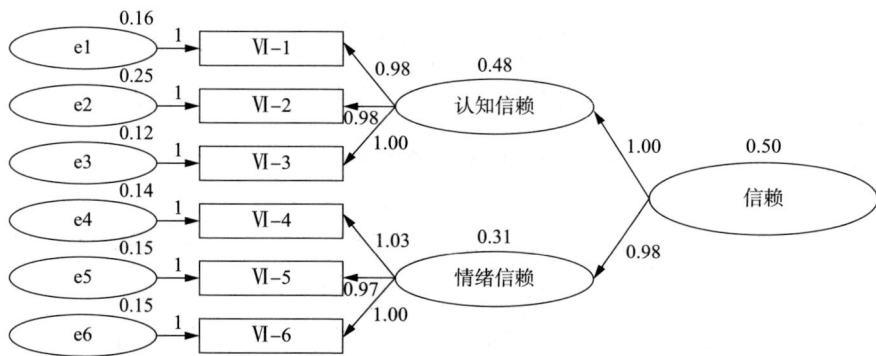

图4-6 信赖因子

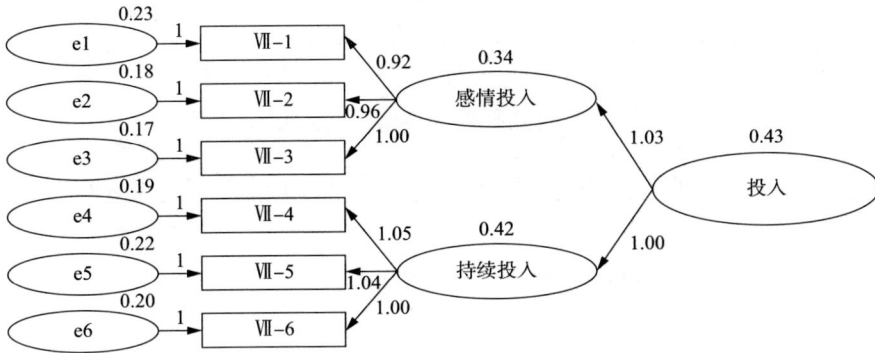

图4-7　投入因子

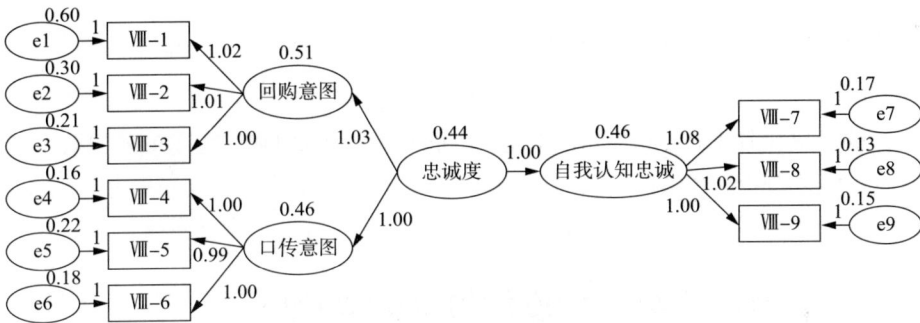

图4-8　忠诚度因子

4.4　相关关系分析

为了确认外部要素、满意度、信赖、投入、忠诚度、时尚产品干预度之间的关系，笔者进行了相关关系分析。结果如下。

表4-15以中国"00后"消费者为对象，提出了主要变量的平均值相关关系。外部要素的4个下位变量的移动网络环境特性、移动购物应用程序的特性、服务质量、关系效益在显著性为0.000，且有统计意义的情况下，都表现出了对所有变量正（+）的影响关系。

表4-15　主要变量的平均值相关关系

变量	1	2	3	4	5	6	7	8
1.网络环境特性	1							
2.移动购物应用程序的特性	0.851**	1						
3.关系效益	0.720**	0.813**	1					
4.服务质量	0.698**	0.788**	0.840**	1				

续表

变量	1	2	3	4	5	6	7	8
5. 满意度	0.711^{**}	0.781^{**}	0.834^{**}	0.879^{**}	1			
6. 信赖	0.695^{**}	0.753^{**}	0.814^{**}	0.851^{**}	0.911^{**}	1		
7. 投入	0.597^{**}	0.657^{**}	0.731^{**}	0.730^{**}	0.791^{**}	0.823^{**}	1	
8. 忠诚度	0.647^{**}	0.701^{**}	0.750^{**}	0.767^{**}	0.821^{**}	0.848^{**}	0.852^{**}	1

注 **表示 $p<0.01$。

满意度在显著性为0.000，且有统计意义的情况下，都表现出了对所有变量正（＋）的影响关系。

信赖在显著性为0.000，且有统计意义的情况下，都表现出了对所有变量正（＋）的影响关系。

投入在显著性为0.000，且有统计意义的情况下，都表现出了对所有变量正（＋）的影响关系。

因此，从整体上看，可以看出变量之间的有效性没有问题，而且全体变量之间的所有相关关系都得到了验证。

4.5 时尚产品干预度的调节效果检验

在移动购物应用程序外部要素对满意度的影响关系中，为了验证时尚产品参与度的调节效果，实施了等级性回归分析。

第一阶段是对作为独立变量的移动购物应用程序外部要素的四个因子（移动网络环境特性、移动购物应用程序的特性、服务质量、关系效益）和满意度的影响关系，实施回归分析；第二阶段是对作为独立变量的移动购物应用程序外部要素的四个因子和调节变量的时尚产品参与度对满意度的影响关系，实施回归分析；第三阶段是对移动购物应用程序外部因素的四个因子和调节变量的时尚产品参与度、独立变量四个因子和调节变量的时尚产品参与度，移动网络环境特性×时尚产品参与度、移动购物应用程序的特性×时尚产品参与度、服务质量×时尚产品参与度、关系效益×时尚产品参与度四个相互调节项对满意度的影响关系进行回归分析。

分析结果显示，如表4-16所示，t值第一阶段为0.506，第二阶段为0.606（增加0.100），第三阶段为0.609（增加003），F值变化量第一阶段为766.735（$p=0.000$），第二阶段为189.218（$p=0.000$），第三阶段为6.594（$p=0.000$），确保了对F值变化量的有效性（$p<0.05$），因此可以说调节效果模型是合适的。

　　因此，可以说移动购物应用程序外部要素（移动网络环境特性、移动购物应用程序的特性）两个因子对满意度的影响根据时尚产品参与度而有所不同。

　　从图4-9、图4-10来看，移动网络环境特性、移动购物应用程序的特性对满意度的影响根据时尚产品参与度而变化。

表4-16　从外部要素对满意度的影响关系调节时尚产品参与度效果

变量		第一阶段		第二阶段		第三阶段	
		β	t值	β	t值	β	t值
独立变量	移动网络环境特性	0.711	13.756***	0.439	2.862**	0.441	2.559*
	移动购物应用程序的特性	0.781	9.874*	0.302	2.406***	0.564	2.185*
	服务质量	0.879	50.512***	0.742	33.199***	0.736	32.618***
	关系效益	0.834	41.3684***	0.663	25.4454***	0.660	25.2614***
调节变量	时尚产品参与度			0.302	9.874***	0.299	9.810***
相互调节项	移动网络环境特性×时尚产品参与度					0.059	2.559*
	移动购物应用程序的特性×时尚产品参与度					0.047	2.185*
	服务质量×时尚产品参与度					0.031	1.861
	关系效益×时尚产品参与度					0.025	1.289
R^2（R^2变化量）		0.506（0.506）		0.606（0.100）		0.609（0.003）	
F值变化量（有效性）		766.735（$p=0.000$***）		189.218（$p=0.000$***）		6.549（$p=0.011$*）	

　　注　*表示$p<0.05$，**表示$p<0.01$，***表示$p<0.001$。

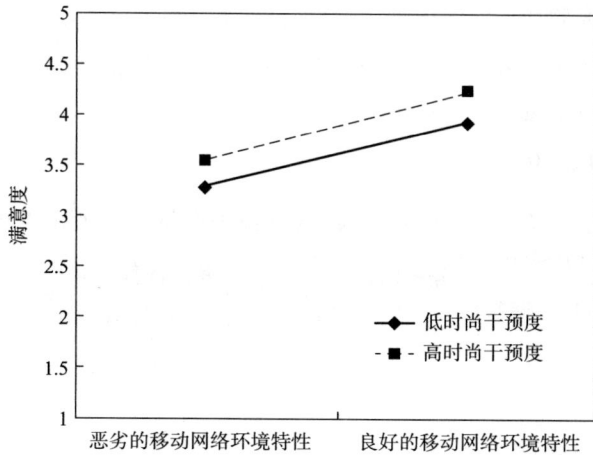

图4-9 移动网络环境特性对满意度的影响关系的干预度调节效果

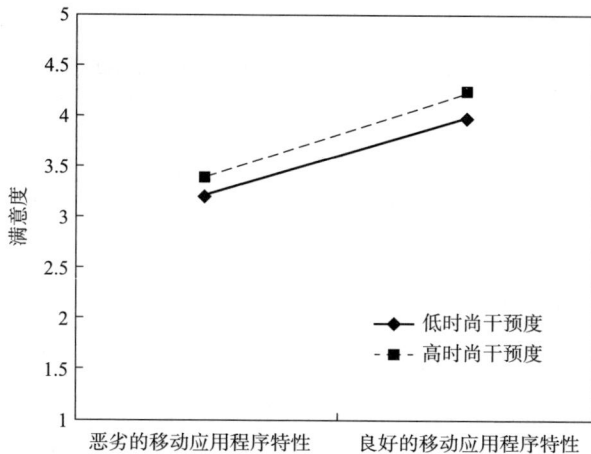

图4-10 移动应用程序特性对满意度的影响关系的干预度调节效果

为了验证移动购物应用程序外部要素对信赖的影响关系中时尚产品干预度的调节效果，实施了等级性回归分析。

第一阶段是对作为独立变量的移动购物应用程序外部要素的四个因子（移动网络环境特性、移动购物应用程序的特性、服务质量、关系效益）和信赖的影响关系进行回归分析；第二阶段是对作为独立变量的移动购物应用程序外部要素的四个因子和调节变量的时尚产品参与度对信赖产生的影响关系进行回归分析；第三阶段是对以移动购物应用程序外部因素的四个因素和调节变量的时尚产品参与度、独立变量四个因素和调节变量的时尚产品参与度而形成的相互调节项，作为移动网络环境特性 × 时尚产品参与度、移动购物应用程序特性 × 时尚产品参与度、服务质量 × 时尚产品参与度、关系效益 × 时尚产品参与度四个相互调节项对信赖的影响关系，进行回归分析。

分析结果显示，如表 4-17 所示，价格第一阶段为 0.483，第二阶段为 0.593（增加 0.010），第三阶段为 0.600（增加 0.007）；F 值变化量第一阶段为 699.397（$p=0.000$）第二阶段为 202.045（$p=0.000$）变化，第三阶段为 13.469（$p=0.000$），确保了对 F 值变化量的有效性（$p<0.05$），因此可以说调节效果模型是合适的。

表 4-17　调节外部要素对信赖的影响关系的时尚产品干预度效果

变量		第一阶段		第二阶段		第三阶段	
		β	t值	β	t值	β	t值
独立变量	移动网络环境特性	0.695	24.446***	0.409	13.296***	0.412	13.477***
	移动购物应用程序的特性	0.753	31.262***	0.508	15.986***	0.504	15.954***
	服务质量	0.851	44.227***	0.688	28.091***	0.678	27.505***
	关系效益	0.814	38.361***	0.624	22.914***	0.619	22.711***
调节变量	时尚产品参与度			0.438	14.214***	0.433	14.146***
相互调节项	移动网络环境特性 × 时尚产品参与度					0.085	3.670***
	移动购物应用程序的特性 × 时尚产品参与度					0.079	3.553***
	服务质量 × 时尚产品参与度					0.044	2.215*
	关系效益 × 时尚产品参与度					0.049	2.681**
R^2（R^2变化量）		0.483（0.483）		0.593（0.010）		0.600（0.007）	
F 值变化量（有效性）		699.397（$p=0.000$***）		202.045（$p=0.000$***）		13.469（$p=0.000$***）	

注　*表示 $p<0.05$，**表示 $p<0.01$，***表示 $p<0.001$。

因此，可以说移动购物应用程序外部要素（移动网络环境特性、移动应用程序的特性、服务质量、关系效益）四个因子对信赖产生的影响根据时尚产品干预度而存在差异。

从图4-11~图4-14来看，移动网络环境特性、移动购物应用程序的特性、服务质量、关系效益对信赖产生的影响根据时尚产品参与度而变化。

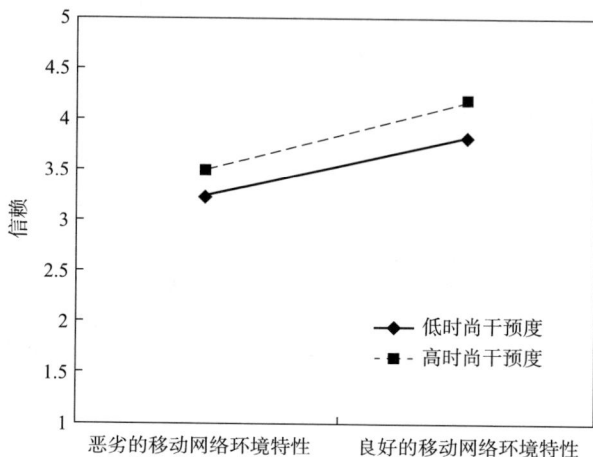

图4-11 移动网络环境特性对信赖的影响关系的干预度调节效果

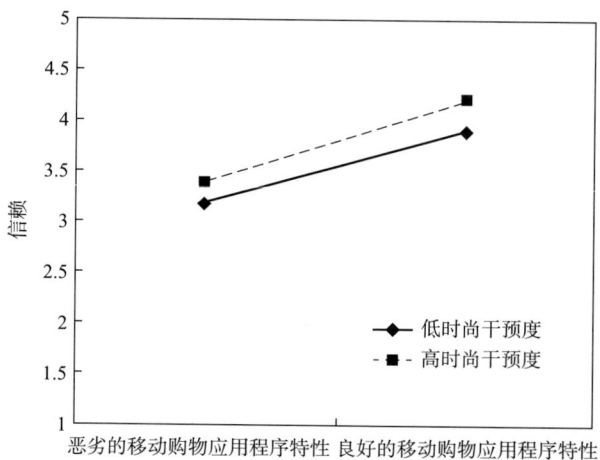

图4-12 移动购物应用程序特性对信赖的影响关系的干预度调节效果

在移动购物应用程序外部要素对投入的影响关系中，为了验证时尚产品参与度的调节效果，实施等级性的回归分析。

第一阶段是对作为独立变量的移动购物应用程序外部要素的四个因子（移动网络环境特性、移动购物应用程序的特性、服务质量、关系效益）和对投入产生的影响关系进行回归分析；第二阶段是对作为独立变量的移动购物应用程序外部要素的四个因

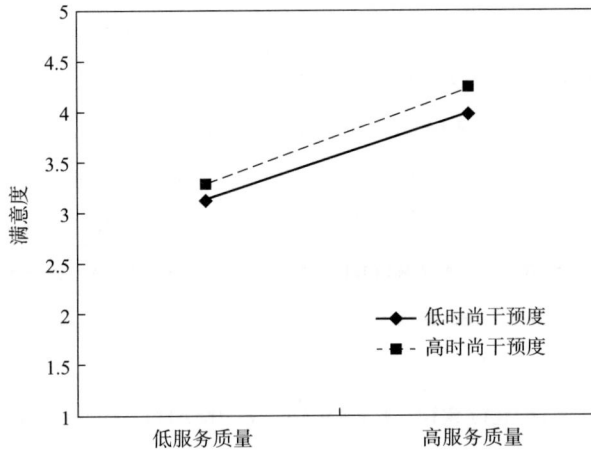

图4-13 服务质量对信赖的影响关系的干预度调节效果

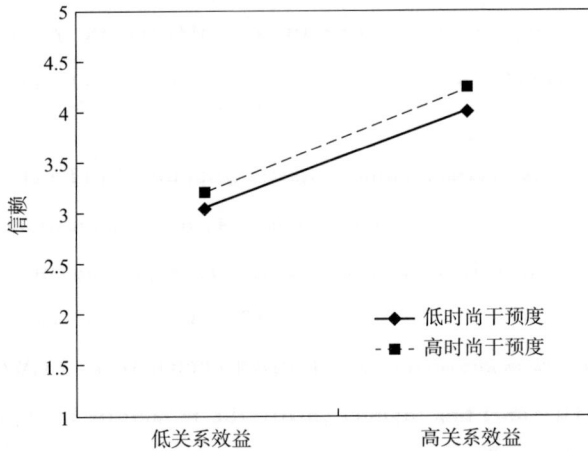

图4-14 关系效益对信赖的影响关系的干预度调节效果

子和调节变量的时尚产品参与度对投入产生的影响关系进行回归分析；第三阶段是对以移动购物应用程序外部因素的四个因素和调节变量的时尚产品参与度、独立变量四个因素和调节变量的时尚产品参与度而形成的相互调节项，作为移动网络环境特性 × 时尚产品参与度、移动购物应用程序的特性 × 时尚产品参与度、服务质量 × 时尚产品参与度、关系效益 × 时尚产品参与度四个相互调节项对投入产生的影响关系进行回归分析。

分析结果显示，如表4-18所示，价格第一阶段为0.356，第二阶段为0.497（增加0.141），第三阶段为0.514（增加0.017），F 值变化量第一阶段为413.877（$p=0.000$）

第二阶段为209.475（*p*=0.000）变化，第三阶段是26.269（*p* =0.000）变化，确保了对 *F* 值变化量的有效性（*p* <0.05），所以调节效果模型是合适的。

因此，可以说移动购物应用程序服务质量因子对投入的影响根据时尚产品的参与度而有所不同。

表4-18　在外部要素对投入的影响关系的时尚产品参与度调节效果

变量		第一阶段		第二阶段		第三阶段	
		β	*t*值	*β*	*t*值	*β*	*t*值
独立变量	移动网络环境特性	0.597	20.344***	0.273	7.987***	0.277	8.221***
	移动购物应用程序的特性	0.657	23.858***	0.361	10.009***	0.354	9.946***
	服务质量	0.730	29.210	0.505	16.016	0.482	15.355
	关系效益	0.731	29.272***	0.507	15.830***	0.493	15.613***
调节变量	时尚产品参与度			0.496	14.473***	0.488	14.462***
相互调节项	移动网络环境特性 × 时尚产品参与度					0.131	5.125***
	移动购物应用程序的特性 × 时尚产品参与度					0.111	4.415***
	服务质量 × 时尚产品参与度					0.118	5.080***
	关系效益 × 时尚产品干预度					0.117	5.064***
R^2（R^2变化量）		0.356（0.356）		0.497（0.141）		0.514（0.017）	
*F*值变化量（有效性）		413.877（*p*=0.000）		209.475（*p* =0.000）		26.269（*p* =0.000）	

注　*表示*p*<0.05，**表示*p*<0.01，***表示*p*<0.001。

从图4-15～图4-18来看，移动网络环境特性、移动购物应用程序的特性、服务质量、关系效益对投入的影响根据时尚产品的参与度而变化。

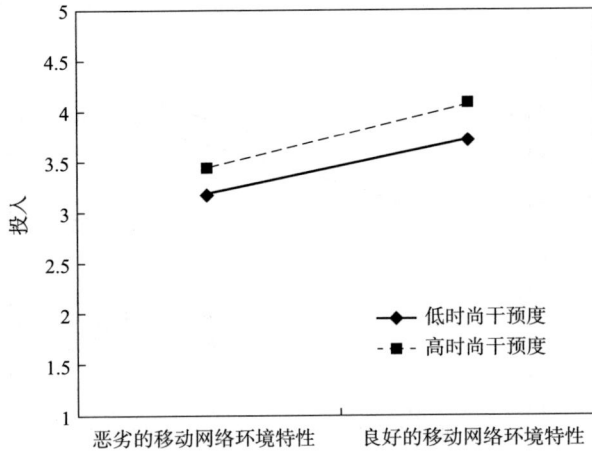

图4-15　移动网络环境特性和投入的影响关系的干预度调节效果

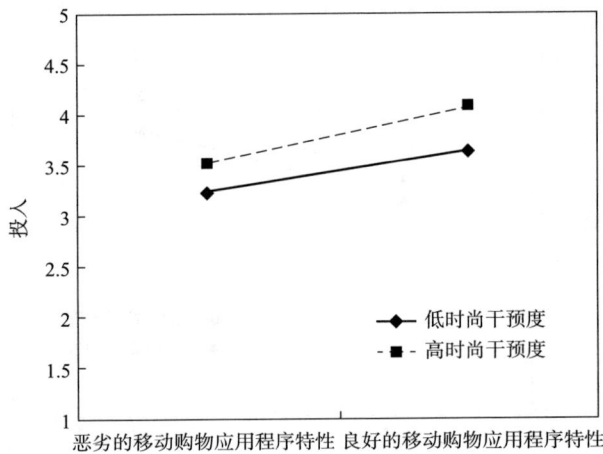

图4-16　移动购物应用程序特性与投入的影响关系的干预度调节效果

在满意度、信赖、投入对忠诚度的影响关系中，为了验证时尚产品参与度的调节效果，实施了等级性的回归分析。

第一阶段是对作为参数的满意度、信赖、投入和忠诚度的影响关系进行回归分析，第二阶段是对作为参数的满意度、信赖、投入和调节变量的时尚产品参与度对忠诚度的影响关系进行回归分析，第三阶段是对作为参数的满意度、信赖、投入和调节变量的时尚产品参与度、满意度、信赖、投入和调节变量的时尚产品参与度乘以相互调节项形成的"满意度 × 时尚产品参与度""投入 × 时尚产品参与度"等三种相互调节项。

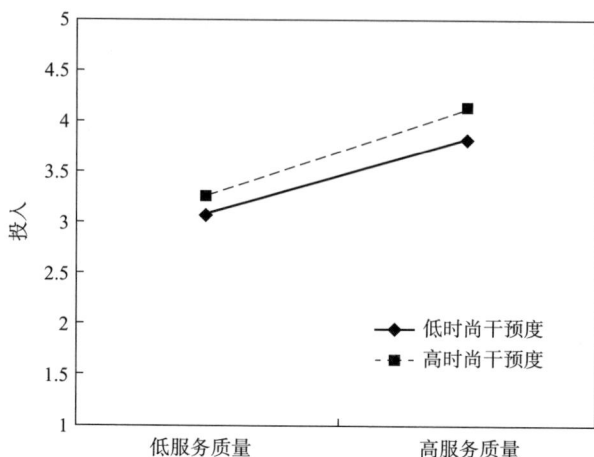

图4-17 服务质量对投入的影响关系的干预度调节效果

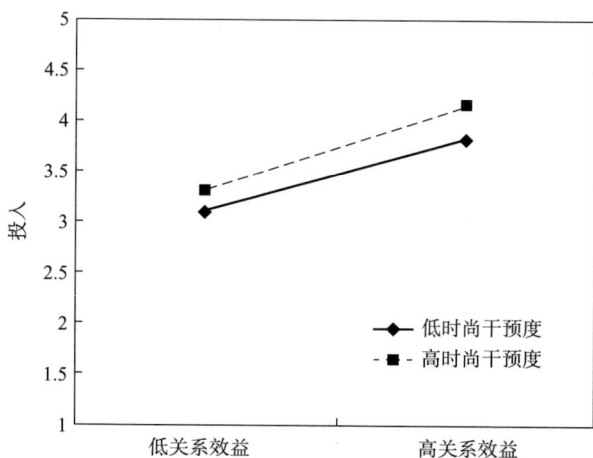

图4-18 关系效益对投入的影响关系的干预度调节效果

分析结果显示，如表4-19所示，价格第一阶段为0.673，第二阶段为0.723（增加0.050），第三阶段为0.732（增加0.009），F值变化量第一阶段为1541.063（p=0.000）第2阶段是974.397（p=0.000）变化，第三阶段是680.762（p=0.000）变化，确保了对F值变化量的有效性（p<0.05），因此可以说调节效果模型是合适的。

因此，满意度、信赖、投入对忠诚度的影响根据时尚产品的参与度而有所不同。

从图4-19～图4-21来看，满意度、信赖、投入对忠诚度的影响根据时尚产品的参与度而变化。

表4-19 时尚产品参与度在满意度、信赖、投入和忠诚度的影响关系的调节效果

变量		第一阶段		第二阶段		第三阶段	
		β	t值	β	t值	β	t值
独立变量	满意度	0.852	39.256***	0.600	22.127***	0.574	21.150***
	信赖	0.848	43.685***	0.654	25.682***	0.621	24.197***
	投入	0.852	44.523***	0.653	27.708***	0.622	125.801***
调节变量	时尚产品参与度			0.275	10.790***	0.297	11.746***
相互调节项	满意度×时尚产品参与度					0.099	5.160***
	信赖×时尚产品参与度					0.102	5.621***
	投入×时尚产品的参与度					0.086	4.832***
R^2（R^2变化量）		0.673（0.673）		0.723（0.050）		0.732（0.009）	
F值变化量（有效性）		1541.063（$p=0.000$***）		974.397（$p=0.000$***）		680.762（$p=0.000$***）	

注 *表示$p<0.05$，**表示$p<0.01$，***表示$p<0.001$。

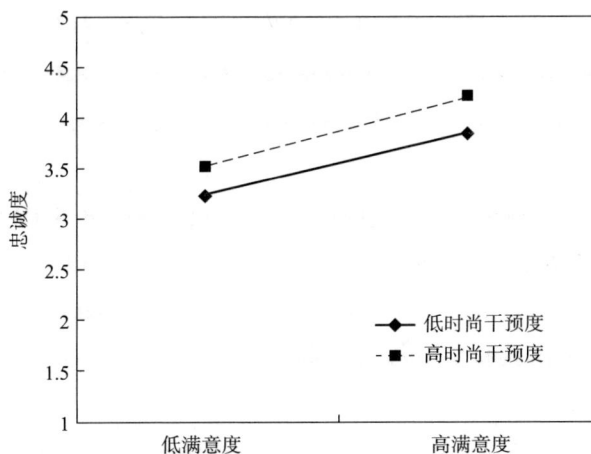

图4-19 满意度和忠诚度的影响关系的干预度调节效果

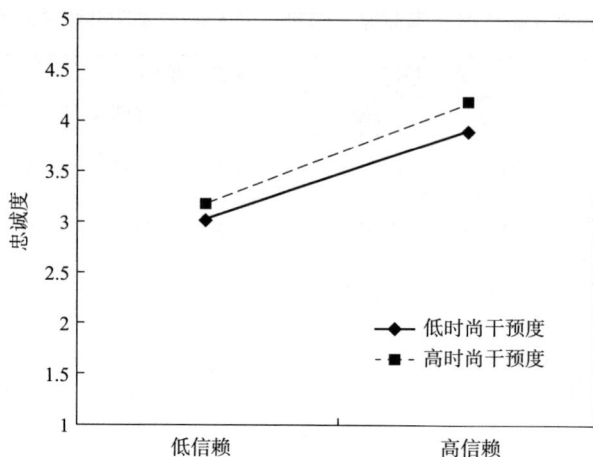

图4-20 信赖和忠诚度的影响关系的干预度调节效果

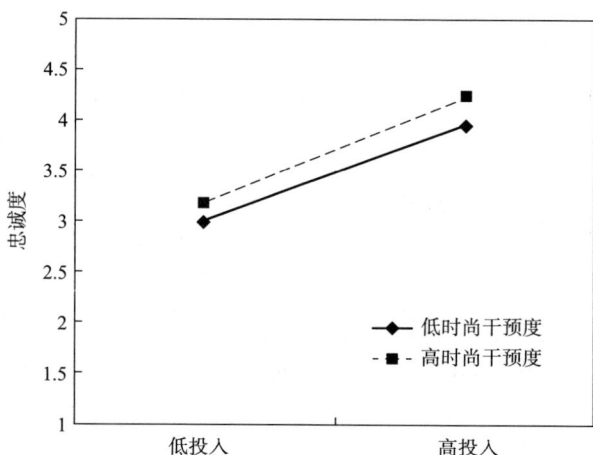

图4-21 投入和忠诚度的影响关系的干预度的调节效果

4.6 外部要素与满意度、信赖、投入、忠诚度变量之间的差异检验

4.6.1 性别变量之间的差异检验

为了了解移动购物应用程序对中国"00后"世代男性、女性消费者的外部要素、满意度、信赖、投入、忠诚度、时尚产品干预度的差异，实施了 t 检验（t-test），中国

"00后"世代男性、女性消费者在中国移动购物应用程序中购买时尚产品的统计分析结果如表4-20所示。

表4-20　性别变量之间的差异鉴定

变量		男性（n=354）		女性（n=396）		t	sig.（p）
		平均	标准偏差量	平均	标准偏差量		
外界要因	移动网络环境特性	3.764	0.677	3.795	0.609	-0.667	0.505
	移动购物应用程序的特性	3.750	0.624	3.790	0.599	-0.888	0.375
	服务质量	3.681	0.684	3.671	0.688	0.198	0.843
	关系效益	3.640	0.682	3.620	0.690	0.316	0.752
满意度	产品满意度	3.629	0.726	3.586	0.695	0.831	0.406
	使用满意度	3.653	0.709	3.653	0.706	-0.013	0.990
信赖	认知信赖	3.543	0.761	3.522	0.724	0.395	0.693
	情绪信赖	3.581	0.751	3.620	0.715	-0.720	0.047*
投入	感情投入	3.462	0.806	3.498	0.769	-0.611	0.541
	持续投入	3.491	0.762	3.534	0.722	-0.795	0.027
忠诚度	回购意图	3.378	0.824	3.373	0.791	0.080	0.937
	口传意图	3.5570	0.7510	3.641	0.6790	-1.608	0.108
	自我认知忠诚	3.5110	0.7470	3.578	0.7070	-1.261	0.208
干预度	时尚产品参与度	3.670	0.756	3.790	0.729	-2.208	0.028*

注　*表示$p<0.05$，**表示$p<0.01$，***表示$p<0.001$。

如表4-20所示，作为信赖的下位层次的情绪信赖的平均数中，女性被调查者比男性被调查者更高，差异验证结果（$t=-0.720$，$p<0.05$）在统计上出现了有意义的差异。也就是说，女性被调查者比男性被调查者更注重情绪上的信赖。

另外，女性被调查者参与时尚产品的平均分数比男性被调查者高，差异验证结果（$t=-2.208$，$p<0.05$）在统计上出现了有意义的差异。也就是说，女性被调查者与男性被调查者相比，对时尚产品的参与度更高。

因此，从移动购物应用程序中关于购买时尚产品的"00后"男性、女性消费者的情绪信赖、时尚产品参与度层面的差异来看，在情绪信赖、时尚产品参与度方面存在明显的差异。可以说，女性的情绪信赖比男性高，对时尚产品的参与度高。

4.6.2 各年龄变量之间的差异检验

为了了解移动购物应用程序的外部要素、满意度、信赖、投入、忠诚度、时尚产品参与度的差异，实施了 t 检验，中国"00后"10～19岁、20～29岁消费者在中国移动购物应用程序中购买时尚产品的统计分析结果如表4-21所示。

表4-21 各年龄变量之间的差异检验

变因		男性（n=399）		女性（n=351）		t	sig.（p）
		平均	标准偏差量	平均	标准偏差量		
外界要素	移动网络环境特性	3.782	0.637	3.779	0.648	0.049	0.961
	移动购物应用程序的特性	3.756	0.616	3.79	0.605	-0.707	0.048*
	服务质量	3.680	0.681	3.671	0.692	0.173	0.863
	关系效益	3.620	0.682	3.63	0.690	-0.215	0.830
满意度	产品满意度	3.597	0.720	3.616	0.699	-0.366	0.715
	使用满意度	3.644	0.703	3.662	0.713	-0.362	0.717
信赖	认知信赖	3.528	0.736	3.537	0.747	-0.158	0.874
	情绪信赖	3.590	0.731	3.614	0.734	-0.460	0.646
投入	感情投入	3.454	0.825	3.512	0.740	-1.012	0.012*
	持续投入	3.502	0.754	3.526	0.727	-0.443	0.658
忠诚度	回购意图	3.371	0.821	3.380	0.790	-0.151	0.880
	口传意图	3.599	0.714	3.605	0.717	-0.114	0.090
	自我认知忠诚	3.557	0.725	3.535	0.730	0.424	0.672
时尚产品参与度	时尚产品参与度	3.710	0.740	3.750	0.748	-0.817	0.014*

注 *表示 $p<0.05$，**表示 $p<0.01$，***表示 $p<0.001$。

如表4-21所示，对于外部要素下位层次的移动购物应用程序特性的平均数，10～19岁被调查者比20～29岁被调查者要高。差异验证结果（t=-0.707，$p<0.05$）在统计上出现了有意义的差异，即20～29岁的被调查者比10～19岁的被调查者更具有移动购物应用程序被解释为移动购物应用程序的特性。

对于投入的下位层次感情投入的平均分数，10～19岁被调查者比20～29岁被调查者要高。差异验证结果（t=-1.012，$p<0.05$）在统计上出现了有意义的差异。也就是说，20～29岁的被调查者比10～19岁的被调查者表现出更多的感情投入的感觉。

另外，女性参与时尚产品的平均数比男性被调查者高，差异验证结果（t=-0.817，$p<0.05$）在统计上出现了有意义的差异。也就是说，20～29岁的被调查者与10～19岁

的被调查者相比，对时尚产品的参与度更高。

因此，在移动购物应用程序中，对于购买时尚产品，从"00后"10～19岁和20～29岁消费者的移动购物应用程序的外部要素、投入、时尚产品参与度等不同层次的差异来看，在移动购物应用程序的特性、感情投入、时尚产品参与度上存在明显的差异。可以说，20～29岁年轻人的移动购物应用程序的特性、感情投入、时尚产品参与度比10～19岁青少年高。

4.7 结构方程分析对各变量的假设验证

为了验证在适当的移动购物应用程序中，针对中国"00后"消费者购买时尚产品的移动购物外部要素、满意度、信赖、投入、忠诚度、时尚产品参与度的研究假说，通过 AMOS 实施了结构方程式模型（structural equation modeling, SEM）。

"00后"消费者的研究模型的拟合度检验验证结果，如表4-22所示。

表4-22　研究模型的拟合度检验验证结果

X^2	p	CMIN/DF	RMR	GFI	AGFI	NFI	RMSEA
226.376	0	1.410	0.058	0.931	0.905	0.979	0.047

中国"00后"消费者对移动购物应用程序的推测结构方程式模型的适合度CMIN值为473.162（$p=0.000$），CMIN/DF为1.937，RMR为0.026，GFI为0.935，AGFI为0.841，NFI为0.952，RMSEA为0.047，除了AGFI为0.841的一般建议指数0.9以上，表现优秀。

假设通过结构方程模型验证潜在因子之间的关系后，由此产生的结果决定假设是否通过。模型的假设与验证如表4-23所示。

表4-23　路径分析的验证结果

假设	假设关系			路径系数	标准误差	t	p	备注
$H1-1$	移动网络 环境特性	→	满意度	0.042	0.017	2.520	0.012*	采用
$H1-2$		→	信赖	0.021	0.015	1.410	0.159	驳回
$H1-3$		→	投入	0.020	0.025	0.802	0.422	驳回
$H2-1$	移动购物 应用程序 的特性	→	满意度	0.147	0.021	7.054	***	采用
$H2-2$		→	信赖	-0.041	0.020	-2.116	0.034*	采用
$H2-3$		→	投入	-0.102	0.033	-3.113	0.002**	采用

续表

假设	假设关系			路径系数	标准误差	t	p	备注
$H\,3\text{-}1$	服务质量	→	满意度	0.563	0.024	3.103	***	采用
$H\,3\text{-}2$		→	信赖	−0.005	0.034	−0.156	0.876	驳回
$H\,3\text{-}3$		→	投入	−0.156	0.056	−2.804	0.005*	采用
$H\,4\text{-}1$	关系效益	→	满意度	0.290	0.020	4.198	***	采用
$H\,4\text{-}2$		→	信赖	0.054	0.023	2.411	0.016*	采用
$H\,4\text{-}3$		→	投入	0.161	0.038	4.266	***	采用
$H\,5\text{-}1$	满意度	→	信赖	0.945	0.063	5.049	***	采用
$H\,5\text{-}2$		→	投入	0.849	0.096	1.906	***	采用
$H\,5\text{-}3$		→	忠诚度	0.077	0.110	0.698	0.485	采用
$H\,6\text{-}1$	信赖	→	投入	0.011	0.135	7.473	***	采用
$H\,6\text{-}2$		→	忠诚度	0.405	0.107	3.802	***	采用
$H\,7$	投入	→	忠诚度	0.449	0.044	1.208	***	采用

注 *表示$p<0.05$，**表示$p<0.01$，***表示$p<0.001$。

研究模式的验证假设的结果如下。

假设$H\,1$的移动网络环境特性对环境满意度、信赖、投入的影响如表4-23所示，和假设$H1\text{-}1$一样，移动网络特点对满意度的标准化的路径系数是0.042，t值2.520（$p=0.012*<0.05$），说明移动网络环境特性与满意度具有显著的影响关系。假设$H\,1\text{-}2$的移动网络环境特性对信赖的标准化的路径系数0.021，t值1.410（$p=0.159>0.05$），说明移动网络环境特性与信赖不具有显著的影响关系。假设$H1\text{-}3$的移动网络环境特性对投入的标准化的路径系数为0.020，t值0.802（$p=0.422*>0.05$），说明移动网络环境对投入没有显著的影响，这样的研究结果是以在0.05的显著性水平下的重要的统计性结果。

因此，如表4-23所示假设$H\,1\text{-}1$和期待的一样，得到验证并被采用。假设$H\,1\text{-}2$、$H\,1\text{-}3$未得到验证，被驳回。

假设$H\,2\text{-}1$是关于移动购物应用程序的特性对满意度产生的影响，如表4-23所示，移动购物应用程序的特性对满意度产生0.147的影响。这些研究结果是在0.05的显著性水平下的重要的统计性结果（$t=7.054$，$p<0.05$）。

因此，假设$H\,2\text{-}1$如预期般得到验证并被采用。

假设$H\,2\text{-}2$是关于移动购物应用程序的特性对信赖产生的影响，正如表4-23中可以观察到的那样，移动购物应用程序的特性对信赖产生−0.041的影响。这些研究结果是在0.05的显著性水平下的重要的统计性结果（$t=-2.116$，$p=0.034*<0.05$）。

因此，假设$H\,2\text{-}2$如预期般得到验证并被采用。

假设 H 2-3 是关于移动购物应用程序的特性对投入产生的影响，正如表 4-23 中可以观察到的那样，移动购物应用程序的特性对投入产生 -0.102 的影响。这些研究结果是在 0.05 的显著性水平下的重要的统计性结果（t=-3.113，p=0.002*<0.05）。

因此，假设 H 2-3 如预期般得到验证并被采用。

假设 H 3-1 是关于服务质量对满意度的影响，正如表 4-23 中观察到的那样，服务质量对满意度产生 0.563 的影响。这些研究结果是在 0.05 的显著性水平下的重要的统计性结果（t=3.103，p<0.05）。

因此，假设 H 3-1 如预期般得到验证并被采用。

假设 H 3-2 是关于服务质量对信赖的影响，正如表 4-23 中所观察到的那样，服务质量对信赖产生 -0.005 的影响。这些研究结果是在 0.05 的显著性水平下的重要的统计性结果（t=-0.156，p=0.876>0.05）。

因此，假设 H 3-2 没有像期待的那样得到验证，被驳回。

假设 H 3-3 是关于服务质量对投入产生的影响，正如表 4-23 中所观察到的那样，服务质量对投入产生 -0.156 的影响。这些研究结果是在 0.05 的显著性水平下的重要的统计性结果（t=-2.804，p=0.005*<0.05）。

因此，假设 H 3-3 如预期般得到验证并被采用。

假设 H 4-1 是关于关系效益对满意度的影响，从表 4-23 中可以看出，关系效益对满意度产生 0.290 的影响。这些研究结果是在 0.05 的显著性水平下的重要的统计性结果（t=4.198，p<0.05）。

因此，假设 H 4-1 如预期般得到验证并被采用。

假设 H 4-2 是关于关系效益对信赖产生的影响，正如表 4-23 中所观察到的那样，关系效益对信赖产生 0.054 的影响。这些研究结果是在 0.05 的显著性水平下的重要的统计性结果（t=2.411，p=0.016*<0.05）。

因此，假设 H 4-2 如预期般得到验证并被采用。

假设 H 4-3 是关于关系效益对投入产生的影响，正如表 4-23 中所观察到的那样，关系效益对投入产生 0.161 的影响。这些研究结果是在 0.05 的显著性水平下的重要的统计性结果（t=4.266，p<0.05）。

假设 H 5-1 是关于满意度对信赖的影响，正如表 4-23 中可以观察到的那样，满足对信赖产生 0.945 的影响。这些研究结果是在 0.05 的显著性水平下的重要的统计性结果（t=5.049，p<0.05）。

因此，假设 *H* 5-1 如预期般得到验证并被采用。

假设 *H* 5-2 是关于满意度对投入的影响，正如表 4-23 中所观察到的那样，满意度对投入产生 0.849 的影响。这些研究结果是在 0.05 的显著性水平下的重要的统计性结果（ *t*=1.906， *p*<0.05 ）。

因此，假设 *H* 5-2 如预期般得到验证并被采用。

假设 *H* 5-3 是关于满意度对忠诚度的影响，正如表 4-23 中所观察到的那样，满意度对忠诚度有 0.077 的影响。这些研究结果是在 0.05 的显著性水平下的重要的统计性结果（ *t*=0.698， *p*=0.485>0.05 ）。

因此，假设 *H*5-3 没有像期待的那样得到验证，并被驳回。

假设 *H* 6-1 是关于信赖对投入产生的影响，正如表 4-23 中所观察到的那样，信赖对投入产生 0.011 的影响。这些研究结果是在 0.05 的显著性水平下的重要的统计性结果（ *t*=7.473， *p*<0.05 ）。

因此，假设 *H* 6-1 如预期般得到验证并被采用。

假设 *H* 6-2 是关于信赖对忠诚度产生的影响，正如表 4-23 中所观察到的那样，信赖对忠诚度产生 0.405 的影响。这些研究结果是在 0.05 的显著性水平下的重要的统计性结果（ *t*=3.802， *p*<0.05 ）。

因此，假设 *H*6-2 如预期般得到验证并被采用。

假设 *H*7-1 是关于投入对忠诚度的影响，正如表 4-23 中所观察到的那样，投入对忠诚度产生 0.449 的影响。这些研究结果是在 0.05 的显著性水平下的重要的统计性结果。

因此，假设 *H*7-1 如预期般得到验证并被采用。

根据中国"00后"消费者的模型分析结果与图 4-22 相同。

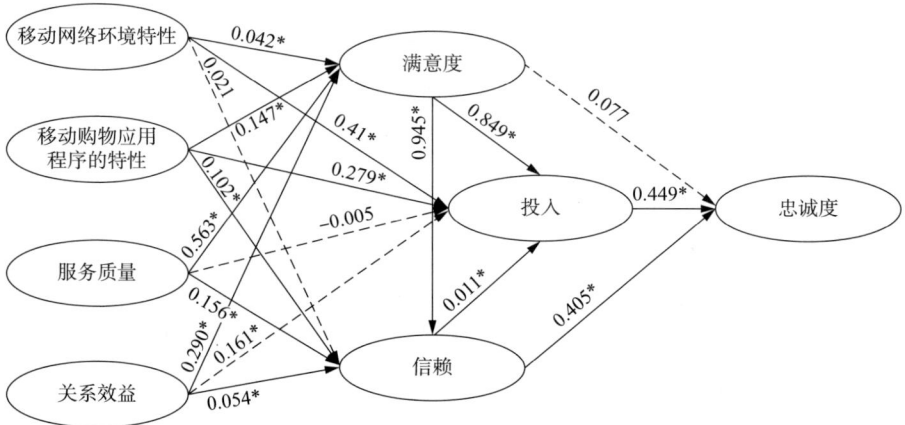

图4-22 模型分析结果

05

第5章

概括与结论

随着科技不断进步和经济发展，人们的消费水平也在不断提高，手机用户人数日益增加，因此移动购物消费者也在迅速增加。截至2019年6月，中国网民规模为8.54亿人，比2018年末增加了2598万人，网络普及率为61.2%，比2018年末增加了1.6%。

另外，中国网购用户为6亿3900万名，比2018年末增加了2871万名，占全体网民总数的74.8%，网购市场正在快速增长，移动购物正在成为网上消费增长的新热点。

移动购物是指利用手机等媒体，通过网络进行网上购物和消费的过程，也可以称为移动网络电子商务。移动购物因便利、速度快等特点，深受"00后"消费者喜爱，已成为当前的主流购物形式，很多人对移动购物抱有好奇心和浓厚的兴趣。目前，中国网民通过移动购物应用程序进行购物已经成为网上购物的主要手段。

因此，笔者认为，移动购物应用程序要想确保时尚市场的竞争力，必须了解消费者的忠诚度，特别是消费者的经济、文化、社会环境、生活方式等。同时，对不同地区、阶层和年龄段等消费者的满意度、信赖和投入等相关研究也至关重要。

随着移动互联网使用时间及用户数量的增加，中国"00后"世代成了移动购物应用程序的主要消费者。而且，研究与"00后"世代最密切相关的移动购物应用程序中销售的时尚产品，是深入思考"00后"世代生活的一种有效方法。但是，当前针对"00后"世代的时尚产品购买经验，对满意度、信赖和投入的先行研究主要以线下为主，即以百货商店、专卖店、奥特莱斯为对象进行。有关移动购物应用程序的研究对象以20～40多岁的消费者为主，或不是购买时尚产品的其他人员。

从先行研究结果来看，虽然有关于移动购物应用程序中的移动网络环境特性、服务质量、关系效益的研究。但在移动购物应用程序中，针对消费者购买有影响力的移动购物应用程序特性相关的先行研究很少。且几乎没有关于"00后"消费者在移动购物应用程序中时尚产品购买经验满意度、信赖及忠诚度相关的研究。

对此，笔者以中国"00后"消费者为对象，不仅研究移动网络环境特性、移动购物应用程序的特性、服务质量、关系效益相关的时尚产品购买领域，还针对满意度、信赖、投入、忠诚度及时尚产品参与度进行综合研究。研究结果不仅可以为时尚相关企业提供有效数据，还可以对时尚产品的开发进行指导，以及为移动购物应用程序的差异化营销提供战略意见。

同时，因人口老龄化现象严重，"00后"世代将逐渐成为移动购物应用程序中时尚产品市场的主要消费者。针对移动购物应用程序的外部因素，对满意度、信赖、投入和忠诚度的研究极其重要。

因此，笔者的目的是分析中国"00后"消费者在移动购物应用程序中，购买时尚产品的满意度、信赖、投入和忠诚度之间的关系及作用。通过研究，探索现有研究中移动购物应用程序时尚行业忠诚度的决定因素，为加强韩国和中国移动购物应用程序时尚行业的竞争力和确保收益性提供指导方针。

为了达到该研究的目的，设定了具体的研究问题，模型的分析结果如下。

①人口统计学特点与一般特点的分析结果。

第一，从性别来看，调查对象中女性最多，达396人（52.8%）。从年龄段来看，10～19岁的人群最多，达399人（53.2%）。从职业来看，大学生最多，达514人（68.5%）。

一个月零用钱/月薪最多1000元的有270人（36.0%）。此外，在使用移动购物应用程序的时间段上，每天不少于1小时的被调查者有486人（64.8%）。

第二，在移动购物应用程序中购买时尚产品时，影响较大的因素是时尚产品的多样性（143人，占比18.9%），所占比例最高。节约购物时间（132人，占比17.7%），也是重要影响因素。

第三，根据移动购物应用程序中经常购买的时尚产品显示，上衣类选择衬衫和雪纺衫的人数最多，达196人（26.1%）；下衣类选择牛仔裤和棉裤类的人数最多，达313人（41.8%）；其他类选择运动服的人数较多，有446人（59.5%）。

②移动网络环境特点与移动购物应用程序的特性、服务质量、关系效益、满意度、信赖、投入和忠诚度等各变量的有效性分析。

第一，移动网络环境特征因素分析结果显示，通过信息、交易、设计、评价、安全性、便利性提取6个变量，普遍性提取了4个变量，在这些变量中开放性因素的水平值最大。这可以解释为，中国"00后"消费者对移动互联网环境的便利性反应敏感。

第二，移动购物应用程序的特性因素分析结果显示，由接近性、有用性、开放性、便捷性提取4个变量，在这些变量中信息因素所占比率最高。也就是说，如果在移动购物应用程序中购买时尚产品时能提供更多信息，会引发消费者的积极购买。

第三，服务质量相关因素分析结果显示，由人力服务质量和技术服务质量提取2个变量，该变量中技术服务质量因素所占比率最高。从其结果可以看出，比起人力服务方面，移动购物应用程序是否提供技术服务是最重要的因素。

第四，关系效益相关因素分析结果显示，由社会心理效益、经济效益提取2个变量，该变量中社会心理效益因素最高。这可以解释为，中国"00后"消费者对社会心理效益的反应较敏感。

第五，满意度、信赖和投入的相关因素分析结果显示，满意度由产品满意和使用满意提取2个变量，该变量中产品满意因素最高。其结果可以看出，消费者对产品的满意度比使用满意度更重视。信赖由认知信赖、情绪信赖提取2个变量，该变量中认知信赖因素最高。投入由感情投入和持续投入提取2个变量，该变量中持续投入因素最高。

第六，忠诚度相关因素分析结果显示，忠诚度以回购意图、口传意图和自我认知忠诚提取了3个变量，该变量中依次是自我认知忠诚、口传意图因素。其结果可以看出，"00后"消费者在移动购物应用程序中，如果对购买时尚产品的经验有自我认知和一定忠诚度，口传意图就会更加明显。

③结构方程分析对外部因素、满意度、信赖、投入、忠诚度、时尚产品参与度变量的假设验证分析结果。

第一，假设 H1 以中国"00后"消费者为对象，分析了移动网络环境的满意度、信赖、投入和忠诚度之间的关系。结果显示，移动网络环境特性对满意度产生积极影响，满意度间接影响投入，满意度和投入间接影响忠诚度。

这可以解释为，中国"00后"消费者在移动购物应用程序中购买时尚产品时，如果移动购物应用程序的移动网络环境更好，满意度就会越高。这些结果与先行研究或预期结果一致。另外，移动网络环境特性不影响中国"00后"消费者在使用移动购物应用程序时的信赖和投入。

第二，在研究假设 H2 中，以中国"00后"消费者为对象，根据移动购物应用程序的特性，分析了满意度、信赖、投入和忠诚度之间的关系。结果显示，移动购物应用程序的特性对满意度、信赖、投入产生积极影响，满意度和信赖间接影响投入，满意度、信赖和投入间接影响忠诚度。

其原因是，在移动购物应用程序中，接近性、有用性、开放性、便捷性是提高消费者满意度、信赖、投入和忠诚度的要素。据调查，消费者对移动购物应用程序特性的接近性、有用性、开放性、便捷性的认识也有差异。而且，这种差异也会影响满意度、投入和忠诚度，这些结果与先行研究或预期结果一致。

假设 H3 以中国"00后"消费者为对象，分析了移动购物应用程序中服务质量带来的满意度、信赖、投入和忠诚度之间的关系。结果显示，服务质量对满意度、信赖产生积极影响，满意度和信赖间接影响投入，满意度和投入间接影响忠诚度，信赖和投入间接影响忠诚度，服务质量不会对投入产生直接影响。

其原因是，在移动购物应用程序中，人力服务质量和技术服务质量是提高消费者满意度、投入和忠诚度的重要因素。据调查，中国"00后"消费者对移动购物应用程序特性的人力服务质量和技术服务质量的认知也有差异，而且这种差异会影响满意度、投入和忠诚度。

在假设 H4 中，以中国"00后"消费者为对象，分析了移动购物应用程序中关系效益带来的满意度、信赖、投入和忠诚度之间的关系。结果显示，关系效益对满意度产生积极影响，满意度、投入对忠诚度产生间接影响，满意度和信赖对忠诚度产生间接影响，不会对信赖和投入产生直接影响。

这可以解释为，中国"00后"消费者通过移动购物应用程序的关系效益对移动购物应用程序感到亲切，其关注度也进一步提高。这些结果与先行研究或预期结果一致。另外，"00后"消费者认为移动购物应用程序通过社会心理效益和经济效益对移动购物应用程序感到满意和忠诚，但关系效益对信赖和投入不会产生影响。

第五，研究假设 H5 以中国"00后"世代消费者为对象，分析了移动购物应用程序中满意度、信赖、投入和忠诚度之间的关系。结果显示，满意度对信赖和投入产生积极影响，信赖、投入对忠诚度产生间接影响，对忠诚度没有直接影响。

其原因是，如果消费者对移动购物应用程序感到满意，且购买后在移动购物应用程序中看到的产品和收到的产品一模一样，使用后也没有不便之处，与购买者自己想象中的没有太大差异，就会加强消费者的投入度和忠诚度。

第六，在研究假设 H6 中，以中国"00后"消费者为对象，分析了移动购物应用程序中信赖与投入和忠诚度之间的关系。结果显示，信赖对投入和忠诚度产生积极影响，投入对忠诚度产生间接影响。

由此可见，中国"00后"消费者在移动购物应用程序中通过信赖提高对移动购物应用程序的忠诚度。这些结果与先行研究或预期结果一致。另外，"00后"消费者通过认知信赖和情绪信赖对移动购物应用程序更加忠诚。

第七，研究假设 H7 以中国"00后"消费者为对象，分析了移动购物应用程序中投入和忠诚度之间的关系，结果显示，投入对忠诚度产生积极影响。这与中国"00后"消费者在移动购物应用程序中，投入对忠诚度产生积极影响的先行研究或预测结果不一致。但是，"00后"消费者通过移动购物应用程序的感情投入和持续投入对移动购物应用程序更加忠诚。

从以上结果可以看出，移动购物应用程序的移动网络环境特性和移动购物应用程序的特性对满意度、投入和忠诚度产生正向（+）影响，服务质量、关系效益、满意度和忠诚度产生正向（+）影响，满意度对信赖和忠诚度产生正向（+）影响，信赖和投入对忠诚度产生正向（+）影响，移动网络环境特性、移动购物应用程序的特性通过满意度、投入对忠诚度产生正向（+）影响。而服务质量和关系效益通过满意度对忠诚度产生正向（+）影响，满意度通过信赖对忠诚度产生正向（+）影响。可以看出，通过满意度和信赖可以对消费者忠诚度产生积极影响。加强移动环境特性、移动购物应用程序的特性、服务质量、关系效益、满意度、信赖和投入有助于提高消费者的忠诚度。

④ 时尚产品参与度的调节效果分析结果。

第一，移动购物应用程序外部要素对满意度的影响，因时尚产品参与度的不同而有所差别。同时，时尚产品参与度高的移动购物应用程序用户，可以进一步提高移动网络环境特性、移动购物应用程序特性对满意度的影响。

第二，移动购物应用程序外部要素对信赖的影响，因时尚产品参与度的不同而有所差别。同时，时尚产品参与度高的移动购物应用程序用户，可以进一步提高移动网络环境特性、移动购物应用程序的特性、服务质量、关系效益对信赖的影响。

第三，移动购物应用程序外部因素对投入的影响，因时尚产品参与度的不同而有所差别。同时，时尚产品参与度高的移动购物应用程序用户，可以进一步提高移动网络环境特性、移动购物应用程序的特性、服务质量、关系效益对投入的影响。

第四，满意度、信赖和投入对忠诚度的影响，因时尚产品参与度的不同而有所差别。同时，时尚产品参与度高的移动购物应用程序用户，可以进一步提高满意度、信赖、投入对忠诚度的影响。

因此，笔者通过对消费者忠诚度的研究，提高消费者的回购意图、口传意图和自我认知忠诚，从而提升企业的时尚产品销量。同时，在移动购物应用程序中，为了加强时尚行业的竞争力，确保其效益性，提高消费者的忠诚度是最重要的因素。正如调查结果表明，移动购物应用程序的移动网络环境特性和移动购物应用程序的特性、服务质量、关系效益决定满意度、信赖和投入。通过对满意度、信赖和投入的研究，也可以间接提高消费者的忠诚度。与此同时，作为企业要确保移动购物应用程序具有自己的特性，即移动网络的开放性、移动购物应用程序的信息、技术服务质量、社会心理效益。这些特性在制定营销战略时会对消费者的态度产生积极影响。

06

第6章

研究实例

6.1 广东省女大学生时尚网购风险感知的SDT评价研究

随着互联网的普及，网上购物已经成为电子商务的一种重要形式，它正在不断地改变着人们的消费意识和生活方式。根据中国互联网络信息中心《中国互联网发展报告2018》显示，截至2018年12月，中国网购数量达到6.1亿。中国网购规模已超过美国，成为全球最大的在线消费市场。

网购之所以流行，主要原因是它的产品种类繁多，且没有时间限制。消费者可以随时随地在近8亿种产品和800万卖家中自由选择。几乎每个待售商品在同一时间都有多个卖家，因此消费者不仅可以选择商品，还可以选择卖家，这为网上购物提供了更多选择。目前，网络购物行业已经覆盖了人们日常生活的许多领域。消费者不仅可以通过网上购物中心购买小的必需品，还可以购买汽车、家电等大型产品，享受到价格优势、时间优势、便利优势等。消费者在网上购物中心购物不受销售人员的干扰，依靠自己的判断来决定是否购买。然而，它虽然降低了诱导风险，但会引发其他潜在风险，如商品信息不清楚、物流时间不确定，以及网上支付受到计算机病毒攻击等。

通过网上购物中心购物，潜在风险将更大。服装是时尚的代表，人们买衣服是为了追求个性，也就是说，要符合个人风格就需要准确的尺寸和合适的穿着。然而，对于在网上商城展示的服装，很难直观地感受到颜色、材质、装饰等细节。特别是虽然网上商城提供了服装的尺寸，但这种尺寸往往不合适，因为不同的制造商对服装的尺寸都有不同的生产工艺标准。

中国女大学生不仅是时尚品网购的主要消费者，也是时尚市场发展的潜在因素。随着她们网上购物行为的增加，她们遇到的风险事件也会增加。事实上，女大学生网络购物风险事件的发生与她们的风险感知能力密切相关。

因此，需要对女大学生网络购物风险感知进行定量测量研究，以为其风险感知能力提供理论依据，为中国网络购物环境的安全保护提供一定的参考。

现有的研究主要集中在感知风险的概念和影响因素上，关于网络时尚购物行为风险感知能力的研究相对较少，尤其是对于如何对女大学生进行定量评价。笔者在研究现有网络购物风险类型的基础上，结合网络购物过程中的具体风险场景，建立问卷，并使用SDT对中国女大学生的网络购物风险感知能力进行评估，以为培养和提升其风险感知能力提供参考。

6.1.1 理论背景

（1）中国网络购物中心的现状

网上购物中心就像是现实世界中的商店。不同之处在于，网上购物中心是一个虚拟商店，使用从购买到销售的各种电子商务手段。目前，中国的在线购物中心可以分为B2B（企业对企业）、B2C（企业对客户）、C2C（客户对客户）、O2O（线上到线下）和G2C（政府对公民）。（胡，2008）

目前，中国的网络购物行业正在变得更加成熟，各类网上购物中心不断扩大产品种类、优化配送物流、提高服务质量。2015年，中国网购商城交易量达到3.9万亿（增长43.1%），人均消费达到9206.9元。对中国网络购物中心规模的相关研究普遍预测，中国网络购物中心将继续高速发展。随着购物环境的不断优化，人们对网上购物中心的需求和依赖将更加明显[郑相泽和沈泰允（Jeun Sang Taek & Shim Tae Yong，2018）]。截至2018年12月，网购用户数达到6.1亿，较2017年底增长14.4%。2018年上半年，国内网上零售市场交易额达到4080亿元，同比增长30.1%，占消费品零售总额的22%。网络购物的类型仍在增加，已扩展到美容、服务、餐饮、家居、医疗等行业，因此网络购物作为一种新的有趣的购物方式将继续发展。（李等，2017）

虽然网上购物中心在中国的快速发展和巨大的市场规模是显而易见的，但其在为消费者带来便利的同时，仍然存在诸如物流配送[崔庆淑和宋彩勋（Kyung Suk Choi & Chae Hun Song，2013）]、个人信息外流和支付风险[全欧苏和朴圣圭（Oi Sul Jeon 和 Sung Kyu Park，2009）]等漏洞。2018年上半年，中国网络安全中心（CNNIC）共收到54190份事故报告，比2017年同期的48283份增加了12.2个百分点。此外，2018年上半年，全国互联互通举报部门共收到举报3.9082亿份（较2017年同期的1797.8万份增长117.1%），表明我国网络购物中心安全形势不容乐观。

（2）感知风险

鲍尔（Bauer，1960）从心理学角度扩展了感知风险的最初概念。他认为，可能导致消费者情绪低落的购买行为的预期结果可能无法预测，因此，消费者的购买决策意味着结果的不确定性，这是风险的初始概念。雅各比和卡普兰（Jacoby & Kaplan，1972）将感知风险分为六种类型，包括可能与产品采购相关的金钱风险、绩效风险、身体风险、社会风险、心理风险和时间风险。辛普森和拉克纳（Simpson&Lakner，1993）认为，在网上的购买环境中，消费者的感知风险与传统交易一样，可以分为经济风险、社会风险、结果风险、个人风险、消费者隐私风险等。

学者们对网络购物风险感知进行了大量有价值的研究。高和胡（2011）通过聚类分析将网络购物消费者的风险感知类型分为心理风险、表现风险、社会风险、时间风险和经济风险。李永书（Lee Young Sook，2015）根据购买趋势研究了中国大学生网络购物的风险感知和产品变量，将感知风险分为七种类型，即穿着风险、质量风险、经济风险、社会风险、流行风险、规模风险和协调风险，得出服装购买风险属于其中一种。李和黄（2015）研究了海外购买服装产品的风险和购买意愿，发现在支付、运输、汇兑和退款中，运输风险对海外直接购买的影响最大。柳昌珠和郑惠鞠（Chang Jo Yoo & Hye Ju Jeong，2016）主要从经济和绩效的角度研究了移动商城的购物风险感知，并讨论了感知风险对移动购物的影响及其与消费者价值观的关系。罗伊奎和洪秉淑（Youn Kue Na & Byung Sook Hong，2008）研究了感知风险对网上服装产品态度和购买意愿的影响，结果表明感知风险影响了消费者对网上购物中心的预期信赖，并会对网上购物广场产生一定程度的厌恶。

通过将前人的研究与中国网络购物中心的实际情况相结合，将中国网络购物中心的感知风险分为五类，即经济风险、绩效风险、社会风险、心理风险和时间风险。

（3）信号检测理论（SDT）

信号检测理论是概率的基本理论，可用于定量诊断系统的性能。SDT是在统计决策的基础上首先在电气工程中发展起来的，在决策性能分析中得到了广泛的应用。SDT已广泛应用于军事指挥和控制、天气预报、医疗和个人决策[斯威茨和皮克特（Swets & Picktt，1982）]。此外，相关研究试图使用SDT评估空中交通管制员的冲突判断性能[比瑟特（Bisseret，1981）]和旧空中交通管制系统冲突判断系统的准确性[帕拉休拉曼（Parasuraman，1987）]。

如今，SDT也被用于评估风险感知。张和刘（2014）选择了五名驾驶员，并应用模糊信号检测理论（FSDT）科学评估其风险感知能力。罗、牛龙飞（2014）选取成都火车站一名员工，应用SDT研究其火灾疏散故障感知能力。陆英等（2010）选取9名地铁施工人员，应用FSDT对其风险感知能力进行测试和判断，得出了9名地下铁道施工人员风险感知敏感性和反应倾向的具体值。

SDT假设一种情况有两种可能的状态：一种是有信号时，称为信号状态，另一种是没有信号时，也称为噪声状态。同时，该理论假设这两种状态的分布具有重叠部分，任何情况都可以通过这两种分布发生。该理论曲线的纵轴表示发生的概率，而横轴表示决策者做出决策的变量，如图6-1所示。

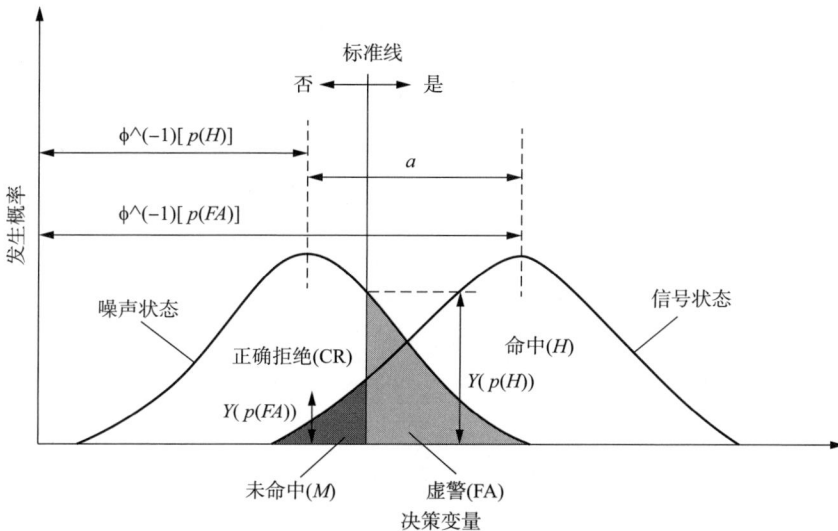

图6-1 信号检测理论

在任何特定时间，当设定情况的某个状态出现时，检测系统将发出"是"或"否"的信号。判断该系统指示接收到的信号是出现还是消失的方法：在给定的情况下，如果决策变量的值较高，决策者的反应是"信号出现"；如果决策变量的值较低，决策者的反应是"出现噪声"。"信号出现"值被确定为标准值（如图6-1所示的标准线）。决策规则是：当变量的值大于标准时，响应为"是"；当变量的值小于标准时，则响应为"否"。

在SDT中，给定场景的两个可能状态和两个可能反应可以由四种组合的真值表示。当信号出现时，响应为"是"，表示命中；当信号出现时，响应为"否"，表示未命中；当没有信号时，响应为"是"，表示虚警；当信号未出现时，响应为"否"，表示正确拒绝。所有情况如表6-1所示。结合SDT的计算方法并使用"1和0"，可以获得外部刺激的几个判别结果，如表6-2所示。

表6-1 信号检测理论的四种判断结果

判断结果说明	结果定义
实际状态是有风险的，判断结果也是有风险的	命中（H）
实际结果是有风险的，判断结果是无风险的	未命中（M）
实际结果是无风险的，判断结果是有风险的	虚警（FA）
实际结果是无风险的，判断结果也是无风险的	正确拒绝（CR）

表6-2 SDT的真值表

状态（q）	反应（f）	H	M	FA	CR	$\sum$（H、M、FA、CR）
0	0	0	0	0	1	1
1	0	0	1	0	0	1
0	1	0	0	1	0	1
1	1	1	0	0	0	1

帕拉休拉曼（Parasuraman，2000）提出了一种算法，可用于计算四个结果的值，其中可以满足以下关系：

$$\begin{cases} H = \min(q, f) \\ FA = \max(f - q, 0) \\ M = \max(q - f, 0) \\ CR = \min(1 - q, 1 - f) \end{cases} \quad （6\text{-}1）$$

$$\begin{cases} HR = \dfrac{\sum H}{\sum q} \\ FAR = \dfrac{\sum FA}{\sum(1 - q)} \end{cases} \quad （6\text{-}2）$$

当使用SDT分析女大学生的风险感知能力时，需要两个重要的SDT指标，即反应敏感性和反应倾向。反应敏感性表明女大学生能否正确识别自己是否处于危险之中。反应倾向是反应偏好，反映女大学生对风险的判断倾向和冒险程度。女大学生的反应敏感性可以表示为正态分布图的水平坐标和两个状态分布函数之间的距离。

根据HR和FAR的定义，分别对女大学生的风险感知反应敏感性和反应倾向进行定义，HR和FAR可以通过式（6-2）进行计算。

给出了式（6-1）和式（6-2）的一个简单示例。假设有两种风险状态，风险条件1的（q，f）值为0.75和0.65，风险条件2的（q，f）值分别为0.85和0.95。因此，两种风险状态的H值应为0.65和0.85，HR是所有H值之和（0.65+0.85）除以所有q值之和，得出0.9375。选用相同的方法计算得出两种风险条件的FA值分布，即0和0.1。M和CR不经常使用，因为它们没有提供新的信息。

$$\alpha = Z(HR) - Z(FAR) = \Phi^{-1}(HR) - \Phi^{-1}(FAR) \quad （6\text{-}3）$$

$$\beta = \frac{Y(HR)}{Y(FAR)} = \frac{\exp\dfrac{-Z(HR)^2}{2}}{\exp\dfrac{-Z(FAR)^2}{2}} \quad （6\text{-}4）$$

通常，在 SDT 中，反应敏感性由参数 α 表示，反应倾向由参数 β 表示。式（6-3）给出了计算反应敏感性的方法。α 的值代表了女大学生对风险条件的反应敏感性。Z（HR）表示正态分布 HR 的横坐标，而 Z（FAR）表示正常态分布 FAR 的横坐标。

反应倾向的计算公式如式（6-4）所示。式中，β 代表女大学生对风险条件的反应倾向，Y（HR）代表正态分布 HR 的纵坐标，Y（FAR）代表正常态分布 FAR 的纵坐标。

6.1.2　研究方法和程序

关于了解女大学生在网上购物中心购买服装产品的感知风险类型和 SDT 评估的问卷调查，朴恩珠和金伯庆（2018）、金永淑（2016）、徐超和朴惠新（2014）、杨桂娜和裴淑红（2008）以及李在中和安索文（2016）曾进行了研究。笔者收集了 13 个问题作为受试者的基本数据，另外 12 个问题用于 SDT 评估，如表 6-3 所示。

表 6-3　代表 12 种因果关系场景的 12 个问题

序号	风险情景
1	网上商城购买的服装质量比网页上的好
2	网上商城出售的服装尺寸非常准确
3	网上商城出售的服装颜色和设计都很好
4	在线商城在交易时支付风险很大
5	在网上购物中心买衣服是很浪费的
6	网上商城购买的服装配送非常准时
7	网上商城购买的服装非常有名
8	在线商店购买服装后，个人信息将被泄露
9	在线购物中心购买服装产品后会受到商家的骚扰
10	网上商店购买的衣服将被送到错误的地址
11	在网上商城购物会被你周围的朋友鄙视
12	网上购物中心与自己的服装状态不匹配

笔者采用问卷调查法收集数据，研究对象是中国广东省岭南师范大学的女大学生。

调查于 2019 年 4 月进行。在调查实施之前，邀请了四位专家评估表 6-3 中 12 个问题的风险水平或风险场景的水平。这四位专家包括两位网络安全主管（中国广东网络安全中心）和两位学术专家（中国台湾特殊教育研究院）。根据 SDT 的第一项研究，由于这种方法是为了确定风险感知反应敏感性和反应倾向的准确值，因此选择 20 名女大学生进行测试即可。总结她们的答案，并用于分析和计算。

笔者提出的假设如下：

*H*1.SDT能够科学准确地分析女大学生感知风险的反应敏感性和反应倾向。

*H*2.女大学生的反应敏感性指数越高，风险感知能力越高；反应倾向指数越高，风险承担倾向越高。

*H*3.女大学生在反应敏感性指标上差异较小，在反应倾向指标上差异较大。

6.1.3 结果和讨论

调查对象是广东省岭南师范大学的20名女大学生。调查时间为2019年4月9日至16日。调查对象的一般统计表显示，大学二年级女生所占比例最高（35%）；在各专业中，艺术和体育专业的比例最高（35%）。每月1500～2000元的可支配零花钱所占比例最高（30%）；网上商城每天1～2小时的服装产品浏览时间所占比例最高（35%）。

根据表6-4中的数据，以及式（6-1）～式（6-4），可以计算出第一名女大学生的风险感知反应敏感性和反应倾向指标，如下所示。

$$HR = \sum H / \sum q = 6.70 / 7.58 = 0.8839$$

$$FAR = \sum FA / \sum (1-q) = 1.16 / 4.42 = 0.2624$$

$$\alpha = Z(AR) - Z(FAR) = \Phi^{-1}(HR) - \Phi^{-1}(FAR) = -1.19 - 0.94 = -2.13$$

$$\beta = Y(HR) / Y(FAR) = 0.7662$$

表6-4 第一个学生的统计结果

测量项目	*q*	*f*	*H*	*M*	FA	CR
*Q*1	0.72	0.63	0.63	0.09	0.00	0.28
*Q*2	0.68	0.81	0.68	0.00	0.13	0.19
*Q*3	0.85	0.75	0.75	0.10	0.00	0.15
*Q*4	0.43	0.64	0.43	0.00	0.21	0.36
*Q*5	0.94	0.82	0.82	0.12	0.00	0.06
*Q*6	0.37	0.47	0.37	0.00	0.10	0.53
*Q*7	0.42	0.73	0.42	0.00	0.31	0.27
*Q*8	0.91	0.52	0.52	0.39	0.00	0.09
*Q*9	0.79	0.86	0.79	0.00	0.07	0.14
*Q*10	0.10	0.31	0.10	0.00	0.21	0.69

续表

测量项目	q	f	H	M	FA	CR
Q11	0.83	0.65	0.65	0.18	0.00	0.17
Q12	0.54	0.67	0.54	0.00	0.13	0.33
Sum	7.58		6.70		1.16	

在SDT中，风险状态下100%的概率和0（虚假报告）的概率不存在。因此，假设HR=0.99，FAR=0.01，通过使用式（6-2）和式（6-3），计算反应敏感性的最大值为4.65；当HR=0.01和FAR=0.99时，计算反应敏感性的最小值为-4.65，因此其变化范围为[-4.65,4.65]。为了能使用这些参数来评估女大学生的风险感知能力，将参数范围分为三个区间：第一个区间为低于60%，第二个区间为60%～80%，第三个区间为高于80%。则这三个区间的分布为[-4.65,0.93]，[0.93,2.79]，[2.79,4.65]。根据第一名女大学生风险感知反应敏感性参数的计算结果，说明其风险感知反应敏感性相对较低。同样，可以计算出其他19名女大学生的风险感知反应敏感性参数，如表6-5所示，所有值均处于[-4.65,0.93]，因此20名女大学生风险感知反应敏感性均相对较低。

表6-5 风险感知反应敏感性和反应倾向结果

Test	HR	FAR	Φ^{-1}（HR）	Φ^{-1}（FAR）	α	Y（HR）	Y（FAR）	β
T1	0.8839	0.1731	-1.19	0.94	-2.13	0.1965	0.2565	0.7662
T2	0.8417	0.1041	-1.00	1.26	-2.26	0.2400	0.1804	1.3415
T3	0.6675	0.0113	-0.43	2.28	-2.71	0.3637	0.0297	12.2650
T4	0.6939	0.0588	-0.50	1.56	-2.06	0.3500	0.1181	2.9796
T5	0.6108	0.0542	-0.28	1.60	-1.88	0.3836	0.1100	3.4584
T6	0.6939	0.0656	-0.51	1.51	-2.02	0.3503	0.1276	2.7456
T7	0.7441	0.0610	-0.66	1.55	-2.21	0.3209	0.1200	2.6737
T8	0.8734	0.2127	-1.14	0.80	-1.94	0.2083	0.2900	0.7191
T9	0.8021	0.0995	-0.85	1.29	-2.14	0.2780	0.1736	1.6013
T10	0.6451	0.0407	-0.38	1.74	-2.12	0.3712	0.0878	4.2275
T11	0.8662	0.1833	-1.11	0.90	-2.01	0.2155	0.2700	0.8097
T12	0.7256	0.0113	-0.06	2.22	-2.82	0.3300	0.0339	9.8178
T13	0.7018	0.0521	-0.54	1.62	-2.16	0.3448	0.1074	3.2104
T14	0.7230	0.1154	-0.61	1.20	-1.81	0.3312	0.1900	1.7057

续表

Test	HR	FAR	Φ^{-1}（HR）	Φ^{-1}（FAR）	α	Y（HR）	Y（FAR）	β
$T15$	0.8799	0.0814	−1.17	1.40	−2.57	0.2012	0.1500	1.3439
$T16$	0.7018	0.0475	−0.53	1.67	−2.20	0.3467	0.0989	3.5043
$T17$	0.7203	0.0361	−0.58	1.79	−2.37	0.3372	0.0804	4.1948
$T18$	0.7599	0.0792	−0.71	1.41	−2.12	0.3101	0.1476	2.1001
$T19$	0.7111	0.0271	−0.55	1.92	−2.47	0.3429	0.0632	5.4301
$T20$	0.7098	0.0792	−0.55	1.41	−1.96	0.3429	0.1476	2.3229

如表6-5所示，对20名女大学生的反应倾向结果进行了统计。反应倾向的值表示对风险场景的反应，该值越大，说明被调查者的信号反应标准越保守，即女大学生承担风险的概率越大；该值越小，说明被调查者的信号反应标准越宽松，即女大学生的风险判断非常谨慎。从表6-5的结果来看，20名女大学生反应倾向的最小值为0.7191，最大值为12.2650，差异明显，反映了女大学生在风险感知上的差异明显。

6.1.4 结论

中国女大学生对网上购物中心的感知风险可分为五类：经济风险、时间风险、绩效风险、社会风险和心理风险。这五种风险是中国时尚在线商城最常见的风险类型。

使用SDT对中国女人学生在网上购物中心购买服装产品的感知风险进行科学定量测量。选取广东省20名女大学生作为调查对象，测量了20名女大学生的风险感知反应敏感性。风险感知反应敏感性值越高，女大学生对场景的风险感知越准确，即判断是否存在风险或确定风险大小的能力越高。20名女大学生的风险感知反应敏感性分布于[-4.65,0.93]，表明女大学生的危险感知反应敏感性普遍较低。同时，研究结果还揭示了20名女大学生的风险感知反应倾向。20名女大学生的风险感知反应倾向差异较大：最大值为12.2650，说明女大学生非常容易做出风险行为；最小值为0.7191，表明女大学生在面对风险时会保持谨慎。反应倾向值之间的较大差异也表明女大学生的风险感知差异明显，这与实际情况相符，验证了可持续发展理论应用在科学确定女大学生风险感知反应敏感性和反应倾向方面的可行性。

研究结果表明，女大学生的风险感知反应敏感性差异较小，但个体之间的风险感知反应倾向差异较大。这些发现可以为在线商城服装产品运营商提供一些理论建议。例如，向女大学生等目标客户销售服装产品时，应注意减少潜在的经济风险、绩效风险、社会风险和心理风险因素。女大学生群体风险感知反应敏感性普遍较低，风险感知反应倾向差异较大，因此，在线商城运营商在推广、展示和销售产品时，必须确保产品的质量、交付时间和知名度与实际情况相符。此外，相关部门必须共同努力，以确保网上商城在线支付的环境安全；高等教育机构还需要通过开设讲座或课程来提高大学生的网络风险感知能力。

6.2　国潮时尚品牌感知价值、品牌认同与忠诚度的互动关系

　　因服饰品牌鸿星尔克向遭受暴雨灾害的河南捐赠物资，演绎了野性消费封神国潮时尚的现象，据中国新闻网报道，鸿星尔克品牌官方旗舰店直播平台单场销售额破亿元。与此同时，贵人鸟服饰、白象方便面、汇源果汁和蜜雪冰城等品牌也受到不同程度的"野性消费"。事实上，野性消费国产品牌绝非偶然现象，目前已经有越来越多耳熟能详的国产品牌因为植入时尚基因而焕发出全新的生命力，一些新兴国产品牌也因为走潮流路线而一炮而红，青年消费者们开始为使用国货而感到自豪，这些都是国货的实力与魅力的反映，也标志着文化回归和民族自信，也是广大青年积极践行新时代时尚涉入度的行为。基于此，笔者以青年消费者为研究对象，通过问卷调查和数据分析，探讨当代青年国潮服饰品牌感知价值、品牌认同与忠诚度的互动关系。

6.2.1　理论背景

（1）时尚涉入度

　　涉入度是指个人基于其需求、兴趣和价值观而感知到的购买决策的重要性或相关性。产品涉入度包括消费者对产品的认知、需求和喜爱程度。消费者对产品的认知度越高，代表其对产品的涉入度就越高。此处的时尚涉入度是指消费者对时尚产品的了解和认识程度，以及他们购买时尚产品的热情、兴趣和参与度。

　　产品涉入度与商品对消费者的影响有关，它往往会影响消费者的购物决策。产品涉入度的增减将直接影响消费者对消费商品信息的认知度。当消费者的产品涉入度比较高时，他们在各种平台上收集相关信息的积极性会提高，进而对消费商品信息的认知也会加深。秦合希等（Hur Hee Jin et al.，2019）的研究表明，时尚涉入度对时尚产品的购买态度产生显著影响，同时对感知价值也具有积极影响。

（2）品牌认同

品牌认同是指消费者购买和使用商品时的自我认知与商品品牌认知之间的相关性。品牌认同可以使消费者的自我概念和品牌价值实现契合。换言之，品牌认同是指消费者对品牌的认知和评价，代表着消费者与品牌的统一性，以及消费者对自我形象与品牌形象契合度的心理感知和心理偏好状态。品牌认同可以使消费者对一个品牌产生特定的情感归属，并有意识地抵制该品牌的相关负面信息。

林少龙和纪婉萍（2020）的研究表明，品牌认同可以对善因营销产品的购买意愿产生积极影响，品牌认同和善因认同可能通过利他动机感知影响善因营销产品的购买意愿。卜鹏翠和冯永辉（2021）的研究表明，品牌识别和品牌体验对客户忠诚度具有显著的正向影响。殷建平和王泽鹏（2020）的研究表明，品牌识别在情感营销和品牌忠诚度之间起部分中介作用，与品牌故事和品牌偶像相比，品牌认同在情感营销品牌联想维度对品牌忠诚度的影响关系中，中介作用占比更高，中介效应程度更强。罗萧和蒋明华（2019）的研究表明，内容营销与品牌认同呈正相关，品牌认同与消费者品牌忠诚度呈正相关。

（3）感知价值与忠诚度

在购买产品或服务的过程中，消费者基于价格比较对成本或收益进行心理判断的过程，就是感知价值的过程，即顾客在权衡产品或服务的感知收益和损失之后，对产品或服务的效用做出的整体评价。从营销的角度来看，提高感知价值是提高满意度和忠诚度的最有效的方法之一。

在感知价值相关的研究中，崔占峰和陈义涛（2020）将感知价值分为功能价值和情感价值两个维度；赵恩北（2019）将感知价值分为功能价值、情感价值、认知价值和经济价值四个维度；张玲燕（2018）将其划分为信息价值、功能价值、享乐价值和社会价值四个维度；倪渊等（2020）将其划分为情感价值、愉悦价值、个人价值和社会价值四个维度。总之，结合实际情况，笔者将感知价值分为情感价值、功能价值、社会价值和个人价值四个维度。

在感知价值和忠诚度的相关研究中，帕拉休拉曼和格雷瓦尔（Parasuraman & Grewal，2000）的研究表明，感知价值正向影响满意度和忠诚度；齐向华（2021）的研究表明，社会价值不仅可以直接影响忠诚度，还可以通过满意度间接影响忠诚度；戴德宝和顾晓慧（2017）的研究表明，感知价值在用户参与行为和忠诚度之间起部分中介作用；欧霞和陆定光（2016）的研究也证明了感知价值对品牌忠诚度有正向影响。

6.2.2　研究设计

（1）量表设计

采用问卷调研的方法收集并分析数据。调研问卷涉及消费者对国潮服饰品牌的感知价值、品牌认同、忠诚度等潜变量，根据潜变量进行问卷编制，第一部分为感知价值调查，第二部分为品牌认同调查，第三部分为忠诚度调查，第四部分为人口统计学特征调查。所有问项均采用5分制李克特量表法进行设计，其中1～5分代表从完全不一致到完全一致的五种态度。笔者采用因子分析法探索国潮服饰品牌消费者感知价值的构成维度，采用相关分析和回归分析法研究国潮服饰品牌消费者的感知价值、品牌认同和忠诚度三者之间的互动关系。

笔者参考以往关于感知价值的研究并结合实际需求设计感知价值变量的量表，将感知价值分为情感价值、功能价值、社会价值和个人价值四个维度进行测量，共设计12个问项测定消费者对国潮服饰品牌的感知价值。测量国潮服饰品牌的品牌认同时，综合参考关于品牌认同相关研究的成熟量表进行问项设计，最终保留2个问项。测量国潮服饰品牌忠诚度时，综合参考关于忠诚度的相关研究的成熟量表进行问项设计，最终保留3个问项。关于人口统计特征的问项设计包括受访者的受教育程度、职业、月平均消费水平、性别、年龄和国潮品牌消费经历6个问项。

（2）研究对象、样本与数据收集

调研对象为具有国潮服饰品牌消费经历的青年群体，通过问卷说明和问卷的发放渠道两种方法确保调研对象的有效性。将在线问卷的二维码图片发放至青年群体集中的微信群、网络社区和论坛等，在二维码图片上明确标注"国潮服饰品牌消费经历""青年"等识别性字眼。

数据搜集时间为2021年5月17日至2021年6月14日，在问卷星调研平台在线发布问卷，共回收329份问卷，剔除答题时间过短、选项重复率过高等因素的11份问卷，最终用于数据分析的问卷为318份。

（3）研究假设与模型

在时尚涉入度调节效应下，当代青年对国潮服饰品牌的感知价值、品牌认同普遍较高。先行研究表明，感知价值能够显著正向影响品牌认同和忠诚度，品牌认同能够显著正向影响忠诚度，理论模型如图6-2所示，基于此，提出以下假设：

*H*1.感知价值对品牌认同产生显著正向影响。

*H*2.感知价值对忠诚度产生显著正向影响。

*H*3.品牌认同对忠诚度产生显著正向影响。

*H*4.时尚涉入度在感知价值对品牌认同的影响关系中发挥调节效应。

*H*5.时尚涉入度在感知价值对忠诚度的影响关系中发挥调节效应。

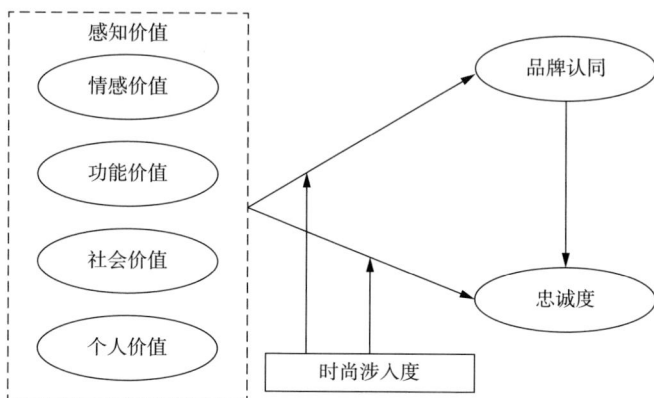

图6-2 研究的理论模型

6.2.3 研究结果分析

（1）人口统计特征分析

对有效样本进行人口统计特征的描述性统计（表6-6）。从性别来看，男性消费者占比34.6%，女性消费者占比65.4%；从年龄来看，26～30岁消费者107人，占比33.6%；从受教育程度来看，大专及本科学历消费者231人，占比72.6%；从职业来看，公司职员占比最高（38.1%），共121人参与调研；从月平均消费水平看，1001～2000元占比最高（40.6%），共有129人参与调研；从国潮服饰品牌消费经历来看，购买过上装的消费者235人，占比最高（73.9%）。

表6-6 有效样本的人口统计特征分析

项目	选项	人数	百分比（%）
性别	男性	110	34.6
	女性	208	65.4
年龄	18岁以下	65	20.4
	18～25岁	84	26.4
	26～30岁	107	33.6
	31～35岁	56	17.6
	35岁以上	6	1.9

续表

项目	选项	人数	百分比（%）
受教育程度	高中及以下	51	16.0
	大专及本科	231	72.6
	硕士及以上	36	11.3
职业	学生	118	37.1
	专业技术人员	52	16.4
	公司职员	121	38.1
	私营业主	17	5.3
	其他	10	3.1
月平均消费水平	1000元以下	52	16.4
	1001～2000元	129	40.6
	2001～3000元	92	28.9
	3000元以上	45	14.2
国潮品牌消费经历（多选）	上衣	235	73.9
	下装	221	69.5
	内衣	121	38.1
	鞋包配饰类	198	62.3
	其他	25	7.9

（2）信度、效度分析

在信度方面，采用适合5分制李克特量表的信度分析的指标克朗巴哈 α 系数和组合信度CR进行检验。当 α 和CR值大于0.7时，表明各变量的测量指标可信度较高。如表6-7所示，感知价值、品牌认同、忠诚度和时尚涉入度测量量表的Cronbach's α 分别为0.873、0.892、0.886和0.914，各变量的Cronbach's α 值均大于0.8；CR值分别为0.912、0.925、0.913和0.947，各变量的CR值均大于0.9，表明测量量表具有良好的可信度和有效性。

采用验证性因子分析法进行效度检验。如表6-7所示，感知价值总维度的CR=0.912，AVE=0.703；品牌认同维度的CR=0.925，AVE=0.681；忠诚度维度的CR=0.913，AVE=0.692；时尚涉入度维度的CR=0.947，AVE=0.716。此外，感知价值维度的子维度情感价值、功能价值、社会价值和个人价值的CR值分别为0.914、0.907、0.897、0.887，AVE值分别为0.683、0.718、0.664、0.672，AVE值均高于0.5。另外AMOS分析显示，测量模型的拟合指数NC值为2.794，符合"NC∈[1,5]"的判断标准，RMSEA值为0.036，符合"小于0.08"的判断标准，此外AGFI、GFI、NFI和CFI

值均符合"大于0.9"的判断标准。各项指标均达到适配状态，说明模型能够与数据较好契合。因此量表有良好的建构效度。

表6-7 量表信度、效度检验结果

潜变量		题项数	Cronbach's α	CR	AVE
感知价值	情感价值	3	0.873	0.912	0.703
	功能价值	3			
	社会价值	3			
	个人价值	3			
品牌认同		2	0.892	0.925	0.681
忠诚度		3	0.886	0.913	0.692
时尚涉入度		3	0.914	0.947	0.716

（3）探索性分析

如表6-8所示，为国潮服饰品牌感知价值的因子探索性分析结果。在总共12个问项构成的观测变量中，因子载荷量从最小的0.718到最大的0.886，全部都大于0.5，适合进行主成分分类；主成分情感价值、社会价值、个人价值、功能价值的特征值分别为3.476、3.718、1.742、1.426，全部大于1.0，所有因子的妥当性得到验证，所有因子的累计分散值达到76.857。主成分的特征值反映了情感价值、社会价值、个人价值和功能价值对感知价值的贡献率，所以可以得出感知价值子维度的贡献率排序为社会价值、情感价值、个人价值和功能价值，其中社会价值的贡献率最高，说明国潮服饰品牌消费者对社会价值的敏感度更高。

表6-8 感知价值因子探索性分析

测量项目		感知价值			
		情感价值	社会价值	个人价值	功能价值
Q2	使用国潮服饰品牌产品让人心情愉悦	0.852	0.194	0.382	0.182
Q1	使用国潮服饰品牌产品让人感觉很开心	0.773	0.231	0.164	0.263
Q3	使用国潮服饰品牌产品让人感觉很幸福	0.718	0.174	0.271	0.158
Q7	使用国潮服饰品牌产品有助于给别人留下良好印象	0.207	0.842	0.286	0.263

续表

测量项目		感知价值			
		情感价值	社会价值	个人价值	功能价值
Q8	使用国潮服饰品牌产品可以赢得更多人的赞许	0.138	0.801	0.225	0.305
Q9	使用国潮服饰品牌产品可以吸引周围人的目光	0.374	0.726	0.316	0.317
Q11	国潮服饰品牌可以让我充满个人魅力	0.138	0.228	0.886	0.218
Q12	国潮服饰品牌可以让我紧跟时尚潮流	0.216	0.318	0.783	0.273
Q10	国潮服饰品牌可以激发我的个人自豪感	0.183	0.295	0.732	0.164
Q4	国潮服饰品牌产品能很好地满足我的功能需求	0.217	0.338	0.335	0.826
Q6	国潮服饰品牌产品制作工艺十分精良	0.309	0.264	0.418	0.814
Q5	国潮服饰品牌产品执行质量标准较高	0.172	0.326	0.361	0.739
特征值		3.476	3.718	1.742	1.426
百分比的方差		25.782	27.577	12.921	10.577
累计百分比的方差		25.782	53.359	66.280	76.857

注 抽取方法采用主体元件分析，转轴方法为具有 Kaiser 正规化的最大变异法，α 在 5 迭代中收敛循环，KMO=0.893。

（4）假设检验与调节效应检验

利用软件 AMOS 对所收集的数据进行结构方程模型分析，以验证其假设，得到研究假设的路径系数，结果如表6-9所示。因假设概念模型的拟合度较好，通过表6-9中的路径系数可以判断：情感价值、功能价值、社会价值和个人价值对品牌认同具有正向显著影响（标准化路径系数大于0，p 小于 0.001），假设 H1 成立，情感价值、功能价值、社会价值和个人价值对品牌认同的系数分别为 0.649（$p<0.001$）、0.214（$p<0.001$）、0.482（$p<0.001$）、0.226（$p<0.001$），说明青年消费者对国潮服饰品牌的

感知价值越高，其对该品牌的认同感就越强，能够更充分地接受该品牌所传达的信息；情感价值、功能价值、社会价值和个人价值对忠诚度具有正向显著影响（标准化路径系数大于0，p小于0.001），假设$H2$成立，情感价值、功能价值、社会价值和个人价值对忠诚度的系数分别为0.507（$p<0.001$）、0.104（$p<0.001$）、0.237（$p<0.001$）、0.128（$p=0.003<0.05$），说明青年消费者对国潮服饰品牌产品的感知价值越高，其购买国潮服饰品牌产品的意向就越强烈，也越容易发生购买行为；品牌认同对忠诚度具有显著正向影响（标准化路径系数大于0，p小于0.001），假设$H3$成立。

表6-9 SEM模型路径检验指标

路径	Estimate	SE	CR	p
情感价值→品牌认同	0.649	0.058	11.182	***
功能价值→品牌认同	0.214	0.146	2.638	***
社会价值→品牌认同	0.482	0.085	6.436	***
个人价值→品牌认同	0.226	0.136	2.571	***
情感价值→忠诚度	0.507	0.094	10.274	***
功能价值→忠诚度	0.104	0.068	3.284	***
社会价值→忠诚度	0.237	0.117	1.394	***
个人价值→忠诚度	0.128	0.062	3.725	0.003[*]
品牌认同→忠诚度	0.452	0.093	5.441	***

注 [*]表示$p < 0.05$，[***]表示$p < 0.001$。

笔者借鉴温忠麟和叶宝娟的中介调节效应检验程序，先利用回归系数及其显著性水平依次进行检验，若系数a、b至少有一个不显著，则使用Bootstrap法检验系数a、b。X表示感知价值，M表示时尚涉入度，Y表示品牌认同，Y'表示忠诚度。使用SPSS进行回归分析，结果如表6-10和表6-11所示。

通过表6-10可知，国潮服饰品牌认同对感知价值的回归作用显著（$p<0.001$），时尚涉入度对感知价值的回归作用显著（$p<0.001$），品牌认同对时尚涉入度的回归作用显著（$p<0.001$），说明存在显著的间接效应；在控制了时尚涉入度的影响后，品牌认同对感知价值的回归作用显著（$p<0.001$），说明直接效应显著且可能存在其他中介；ab/c的计算结果表明时尚涉入度在感知价值与品牌认同之间发挥调节效应，时尚涉入度的调节效应占感知价值对品牌认同总效应的32.70%。

表6-10 调节效应检验1

标准化方程	回归系数	SE	t值	sig.	ab/c
感知价值（X）—时尚涉入度（M）—品牌认同（Y）					
$Y=cX+e_1$	c=0.724	0.032	14.728	0.000	0.327（+）
$M=aX+e_2$	a=0.706	0.036	13.926	0.000	
$Y=c'X+bM+e_3$	b=0.482	0.048	12.977	0.000	
	c'=0.298	0.035	13.263	0.000	

通过表6-11可知，国潮服饰品牌忠诚度对感知价值的回归作用显著（$p<0.001$），时尚涉入度对感知价值的回归作用显著（$p<0.001$），忠诚度对时尚涉入度的回归作用显著（$p<0.001$），说明存在显著的间接效应；在控制了时尚涉入度的影响后，忠诚度对感知价值的回归作用显著（$p<0.001$），说明直接效应显著且可能存在其他中介；ab/c的计算结果表明时尚涉入度在感知价值与忠诚度之间发挥调节效应，时尚涉入度的调节效应占感知价值对忠诚度总效应的47.10%。

表6-11 调节效应检验2

标准化方程	回归系数	SE	t值	sig.	ab/c
感知价值（X）—时尚涉入度（M）—忠诚度（Y'）					
$Y'=cX+e1$	c=0.537	0.027	11.538	0.000	0.471（+）
$M=aX+e2$	a=0.624	0.016	10.253	0.000	
$Y'=c'X+bM+e3$	b=0.275	0.031	13.264	0.000	
	c'=0.118	0.028	12.172	0.000	

6.2.4 讨论与结论

通过实证探讨发现，当代青年国潮服饰品牌感知价值、品牌认同对忠诚度存在显著影响，品牌认同在感知价值对忠诚度影响关系中起到部分中介作用，感知价值、品牌认同和忠诚度存在一定的互动关系，具体结论如下：

首先，当代青年国潮服饰品牌感知价值对品牌认同、忠诚度产生显著正向影响。当代青年是国潮服饰品牌消费的主力军，在时尚涉入度驱动下，当代青年具备强烈的文化自信和民族认同感，对国潮服饰品牌感知价值越高，品牌认同越强烈，从而促进忠诚度的维护与提升，更易发生购买行为。通过因子探索性分析发现，感知价值子维度对品牌认同、忠诚度的影响排序为社会价值、情感价值、个人价值和功能价值，说明当代青年对国潮时尚消费更注重情感价值和社会价值的实现，而功能价值的影响较弱，也印证了当代青年的野性消费事实，但是国潮品牌企业不能因此而忽视产品质量，反而更应该注重产品功能，以补偿消费者的情感价值实现。

其次，当代青年国潮服饰品牌的品牌认同对忠诚度产生显著正向影响。先行研究表明，品牌认同是消费者对品牌建立长期稳定关系和忠诚度的重要基础，笔者通过实证分析证实当代青年国潮服饰品牌的品牌认同的确会对忠诚度产生显著正向影响，因此，国潮服饰品牌应该在品牌价值传达过程中，以积极向上的价值观导向与当代青年的时尚涉入度产生更强烈的共鸣，进一步夯实当代青年国潮服饰品牌忠诚度的稳定。

最后，当代青年的时尚涉入度在国潮服饰品牌感知价值对品牌认同和忠诚度的影响关系中发挥调节效应。通过实证分析可以推测，国潮服饰品牌应更多传达民族复兴理想，诱发当代青年消费者的民族认同感，提升当代青年国潮服饰品牌情感价值、社会价值、个人价值和功能价值的感知与实现，产生身份认同与情感归属，形成品牌认同，进而提升其忠诚度。

参考文献

[1] 包蕾萍.深度现代化:"80后""90后"群体的价值冲突与认同[J].中国青年研究,
    2019(8): 47-55.

[2] 崔若扬.对我国"00后"的消费分析[J].全国流通经济, 2018(31): 10-11.

[3] 邓希泉."90后"新价值观研究[J].思想理论教育, 2016(9): 23-30.

[4] 傅耀威, 孟宪佳.移动互联网技术发展现状与趋势[J].科技中国, 2017(12): 60-62.

[5] 贺琼萱."80后""90后"消费行为研究——以湖南长沙地区为例[J].西部皮革,
    2016, 38(4): 267-268.

[6] 贺志朋.移动互联网技术的发展现状及未来发展趋势[J].数字技术与应用, 2017(9):
    227-229.

[7] 李博.浅谈我国手机购物的现状与发展[J].中国外资, 2013(7): 47.

[8] 李嘉嘉.移动互联网技术发展现状及趋势[J].通讯世界, 2017(5): 32-33.

[9] 李军.移动互联网技术发展现状及趋势[J].数字通信世界, 2017(9): 29.

[10] 李玲.消费文化视角下的手机购物现象浅析——以"手机淘宝"App为例[J].新闻
     研究导刊, 2019(3): 65-66.

[11] 李永娣.网络购物的消费者行为统计与分析[J].市场研究, 2019(10): 9-11.

[12] 李中华.移动互联网技术发展现状分析及趋势探讨[J].技术与市场, 2016(4):
     208-210.

[13] 林力宇."90后"消费趋势分析[J].现代营销(经营版), 2019(6): 120.

[14] 卢泰宏, 等.消费者行为学:中国消费者透视[M].北京: 高等教育出版社, 2005:
     32-38.

[15] 陆益龙."80后""90后"青年的思想特征[J].人民论坛, 2018(22): 18-19.

[16] 罗琴.基于AIO量表的"80后"与"90后"消费方式对比研究[J].商场现代化,
     2018(1): 1-3.

[17] 吕丽."移动互联网+"背景下O2O电子商务发展现状及趋势分析[J].中国新通信,

2019(9): 65.

[18] 梅竹."00后"的消费趋势与应对: 为自己代言[J]. 商学院, 2018(9): 93.

[19] 孟蕾.符号光环的追随与迷失——"80后"群体的奢侈品消费与时尚文化研究[J].
黑龙江社会科学, 2013: 99-105.

[20] 秦绍龙, 鲁绵茸, 刘征文."00后"大学生思想行为特点与日常管理探析[J]. 西部
学刊, 2019(12): 85-88.

[21] 沈杰.社会学视野中的"80后""90后"[J].中国青年报, 2016(5): 2.

[22] 孙小丽."80后"消费特征与企业营销对策[J]. 合作经济与科技, 2009(7): 113-
114.

[23] 田娴.提高手机App网购顾客移动忠诚度对策分析[J].德州学院学报, 2017, 33(6):
42-46.

[24] 田晓芳.对"80后"群体消费取向分类的分析研究[J].赤峰学院学报(自然科学版),
2015, 31(11): 144-145.

[25] 王么玲."80后"新生代的生活方式与价值取向研究[J]. 河南农业, 2011(24):
41-42.

[26] 王任清.大连地区大学生手机购物消费行为特征研究[J].现代营销(经营版), 2019
(3): 120-122.

[27] 王耀晨, 吕非凡.手机购物方式的现状分析和发展策略[J].商场现代化, 2016(9):
70-71.

[28] 王雨韩."90后"消费行为研究[J].经贸实践, 2018(9): 92.

[29] 文军, 张思峰, 李涛柱.移动互联网技术发展现状及趋势综述[J].通信技术, 2014
(9): 977-984.

[30] 肖志辉.移动互联网研究综述[J].电信科学, 2009(10): 30-36.

[31] 徐露霖.探讨泛"00后"的经济行为偏好[J].现代经济信息, 2017(18): 95.

[32] 余昌梅."00后"大学生群体特点及教育管理模式探究[J].齐齐哈尔师范高等专
科学报, 2019(3): 1-3.

[33] 张博."90后""00后"网民使用互联网特点研究[J].智库时代, 2018(38): 251-
252.

[34] 张芳.解密"70后""80后""90后"消费观[J].纺织服装周刊, 2017(22): 36-37.

[35] 张素达.VR虚拟现实技术对互联网购物带来的颠覆性影响研究[J].科技风, 2018

（13）：54.

[36] 张雪银. "80后" "90后" "00后" 亚文化属性的代际演变和代内演进［J］. 文教资料，2019（14）：52-53.

[37] 赵凯. 台湾青年世代身份认同困境研究［J］. 当代青年研究，2016（6）：89-95.

[38] 赵联飞. "70后" "80后" "90后" 网络参与行为的代际差异［J］. 中国青年研究，2019（2）：65-72.

[39] 朱耀秀，王传旭. 手机依赖对 "00后" 高职生的危害及对策［J］. 西部素质教育，2019（16）：209-210.

[40] ANTIL J H.Conceptualization and operationalization of involvement[J]. ACR North American Advances, 1984, 11（1）: 201-209.

[41] ATKINS. Smart shopping: conceptualization and measurement[J]. International Journal of Retail & Distributions Management, 2012, 40（5）: 360-375.

[42] BANSAL H, TAYLOR S.The service switching model(SSM)a model of switching behavior in services industries[J].Journal of Service Research, 2014, 2（2）: 200-218.

[43] BEATTY S E, MAYER M, COLEMAN J E, et al. A customer-sales associate retail relationships[J]. A Journal of Retailing, 1996, 72（3）: 223-247.

[44] BERRY L L.Relationship marketing of services: growing interest, emerging perspectives[J]. Journal of Academy Science, 1995, 23（4）: 236-245.

[45] BITNER, M J. Building service relationships: it's all about promises[J].Journal of the Academy of Marketing Science, 1995, 23（4）: 246-245.

[46] BLACK C I, KAYNAMA S A. Aproposal to assess the service quality of online travel agencies: an exploratory study[J]. Journal of Professional Services Marketing, 2000（21）: 63-88.

[47] CARDOZO R N. An experimental study of customer effort, expectation and satisfaction[J]. Journal of Marketing Research, 1965, 2（3）: 244-249.

[48] CARUANA ALBERT. Service loyalty: the effects of service quality and the mediating role of customer satisfaction[J]. European Journal of Marketing, 2002（36-6/1）: 811-828.

[49] CHAUDHURI A, HOLBROOK M B. The chain of effects from brand trust and brand affect to brand performance: the role of brand loyalty[J]. Journal of Marketing, 2001,

65(2): 81-93.

[50] CLARKE SHARON G, JOHN T HAWORTH.Flow experience in the daily lives of sixth-form collect students[J]. British Journal of Psychology, 1994(85): 511-523.

[51] CSIKSZENTMIHALYI MIHALY. Beyond boredom and anxiety: experiencing flow in work and play[M]. San Francisco: Jossey Bass, 1975: 147.

[52] DAYAL S, LANDESBERG H, ZEISSER M. How to build trust online[J]. Journal of Marketing Management, 1999, 8(3): 64-69.

[53] DICK S A, BASU K. Customer Loyalty: toward an integrated conceptual framework. [J] Journal of the Business, 1994(3): 266-276.

[54] DOOSTI, SHAHRYAR. Essays on economics of online platforms[D].Seattle, Washington, West Cosast, USA: University of Washington Pro Quest Dissertations, 2019: 12.

[55] GAMBETTA D. Can we trust ? Trust: making and breaking cooperative relations, electronic edition, department of sociology[J]. University of Oxford, 2000: 213-237.

[56] GARBARINO E, JOHNSON M S.The different roles of satisfaction, trust and commitment in customer relationships[J]. Journal of Marketing, 1999, 63(4): 70-87.

[57] GARVIN D A. Competing on the eight dimensions of quality[J]. Harvard Business Review, 1987(65): 101-109.

[58] GEFEN D. E-Commerce: The role of familiarity and trust[J]. Omega, 2002, 28(6): 725-737.

[59] GEFEN D, STRAUB D W.The relative importance of perceived ease of use in IS adoption: a study of e-commerce adoption[J]. Journal of the Association for Information Systems, 2000, 1(1): 1-28.

[60] GOLDSMITH R E, EMMERT J. Measuring product category involvement: a multitrait-multimethod study[J]. Journal of Business Research, 1991, 23(4): 363-371.

[61] GREEN M C, BROCK T C. In the mind's eye: transportation-imagery model of narrative persuasion[M].GREEN MC, STRANGE J J, BROCK TC. Narrative impact: Social and cognitive foundations. Mahwah, New Jersey: Lawerence Erlbaum Associates, Inc., 2002: 315-341.

[62] GREWAL D, IYER G R, KRISHNAN R, et al. The Internet and the price value

loyalty chain[J]. Journal of Business Research, 2003, 56(5): 391-398.

[63] GRIFFIN M, BABIN B J. How quality, value, image, and satisfaction create loyalty at a Chinese telecom. Journal of Business Research, 2009, 62(10): 980-986.

[64] GUSTAFSSON A, JOHNSON D M, ROSS I. The effects of customer satisfaction, relationship commitment dimensions, and triggers on customer retention[J]. Journal of Marketing, 2005 (69): 210-218.

[65] GWINNER K P, GREMLER D D, BITNER, M J. Relational benefits services industries the customer's perspective[J]. Journal of the Academy Science, 1998, 26(2): 101-114.

[66] HENNIG-THURAUT, KLEE A. The impact of customer satisfaction and relationship quality on customer retention: a critical reassessment and model development. [J] Psychology and Marketing, 1997, 14(8): 737-764.

[67] HUNT H K. Customer satisfaction and dissatisfaction: a developing methodology[J]. The New Role of Marketing Professionals, 1997, 13(7): 241-244.

[68] KIM D J, FERRIN D L, RAO H R. A trust-based consumer decision-making model in electronic-eommerce: the role of trust, perceived risk, and their antecedents[J]. Decision Support Systems, 2008, 44(2): 544-564.

[69] KOTLER PHILIP H. Marketing management: analysis, planning and control [M].7th Edition. Upper Saddle River: Prentice Hall, 1991.

[70] KOVACICH G. Electronic-internet business and security[J]. Comprters & Security, 1998, 17(2): 129-135.

[71] KRISHNAMURTHI L, RAJ S P. A empirical analysis of the relationship between brand loyalty and consumer price elasticity[J]. Marketing Science, 1991, 10(2): 172-183.

[72] KUKAR-KINNEY M. The role of price-matching characteristics in influencing store loyalty[J]. Journal of Business Research, 2006, 59(4): 475-482.

[73] KWAKU A G. Differential potency of factors affecting innovation performance in manufacturing and services firms in Australia[J]. Journal of Product Innovation Management, 1996(13): 35-52.

[74] LEE M K O, TURBAN E. A trust model for consumer Internet shopping[J].

International Journal of Electronic Commerce, 2001, 6(1): 75-92.

[75] LEE S-D, CHOI J-S. A study on antecedents and consequents of relationship commitment toward internet sites and between customers in virtual environment[J]. Journal of Channel, 2000, 37(16): 72-83.

[76] LI Y N, TAN K C, XIE M. Factor analysis of service quality dimension shifts in the information age[J]. Managerial Auditing Journal, 2003, 18(4): 297-302.

[77] LUARN P, LIN H H.A customer loyalty model for e-service context[J].Journal of Electronic Commerce Research, 2003, 4(4): 156-167.

[78] MADU C N, MADU A A. Dimensions of e-quality[J]. International Journal of Quality & Reliability Management, 2002, 19(3): 246-258.

[79] MATTILA A S.Emotional bonding and restaurant loyalty[J].Cornell Hotel and Restaurant Administration Quarterly, 2001, 42(6): 73-79.

[80] MAYER J P, ALLEN N J. A three-component conceptualization of organizational commitment[J]. Human Resource Management Review, 1991, 1(1): 61-89.

[81] MAYER R C, DAVIS J H, SCHOORMAN F D. An integrative model of organizational trust[J]. The Academy of Management Review, 1995, 20(3): 709-734.

[82] MEYERSON D WEICK K E, KRAMER R M. Swift trust and temporary groups [M] Kramer R M, Tyler T R(eds.).Trust in organizations: frontiers of theory and research. Thous and Oaks, California: Sage Publications, 1996: 166-195.

[83] MOHAMMAD N, RUSHAMI Z Y, RABIUL I, et al. Moderating impact of risk on the relationship between e-service quality and trust[J]. Research Journal of Applied Sciences, 2016, 11(2): 44-53.

[84] MORGAN R M, HUNT S D.The commitment-trust theory of relationship marketing[J]. Journal of Marketing, 1994(58): 20-38.

[85] MYERS B L, KAPPELMAN L A, PRYBUTOK V R. A comprehensive model for assessing the quality and productivity of the information systems function: toward a theory for information systems assessment[J]. Information Resources Management Journal, 1997, 10(1): 94-121.

[86] OLIVER R L. Whence consumer loyalty ? [J].Journal of Marketing, 1999, 63(Special Issue): 33-44.

[87] OLIVER R L. A cognitive model of antecedents and consequences of satisfaction decisions[J]. Journal of Marketing Research, 1980, 17(4): 460–469.

[88] OLIVER R L. Whence customer loyalty[J]. Journal of Marketing, 1993(63): 33–66.

[89] PARASURAMAN A, ZEITHAML V A, BERRY L. SERVQUAL: a multiple-item scale for measuring consumer perceptions of service quality[J]. Journal of Retailing, 1998(64, Spring): 12–40.

[90] PARASURAMAN A, ZEITHAML V A, MALHOTRA A.E-S-QUAL a multiple-item scale for assessing electronic service quality[J]. Journal of Service Research, 2005, 7(3): 213–233.

[91] PARASURAMAN A, ZEITHAML V, BERRY L. SERVQUAL: a multiple-item scale for measuring consumer perceptions of service quality[J].Retailing: Critical Concepts, 2002, 64(1): 12–40.

[92] PARASURAMAN A, ZEITHAML V A, BERRY L L. A conceptual model of service quality and its implications for future research[J].The Journal of Marketing, 1985, 49(4): 41–50.

[93] PAVLOU P A, D GEFEN. Building effective online marketplaces with institution-based trust [J]. Information Systems Research, 2004, 15(1): 37–59.

[94] PETERSON R A.Relationship marketing and the customer[J].Journal of the Academy of Marketing Science, 1995, 23(4) : 278–281.

[95] PETTY RICHARD E, CACIOPPO JOHN T.Issue involvement as a mediator of the effects on attitude of attitude of advertising content and context[J]. Advances in Comsuner Research, 1981, 18: 112–115.

[96] REICHHELD FREDERICK F. Loyalty based management[J].Harvard Business Review, 1993, 71(3): 64–73.

[97] REYNOLDS FRED D, WILLIAN R DARDEN, WARREN S MARTIN. Developing on image of the store loyalty consumer[J]. Journal of Retailing, 1994, 50(Winter): 73–84.

[98] REYNOLDS K, S E BEATTY. Customer benefits and company consequences of customer-salesperson relationships in retailing[J].Journal of Retailing, 1999, 75(1): 11–30.

[99] RIBBINK D, VAN RIEL A C, LILJANDER V, et al. Comfort your online customer: quality, trust and loyalty on the Internet [J]. Managing Service Quality: An International Journal, 2004, 14(6): 446-456.

[100] SANTOS J. E-service quality: a model of virtual service quality dimensions[J]. Managing Service Quality, 2003, 13(3): 233-246.

[101] SCHNEIDERMAN B. Designing trust into online experiences[J]. Communications of the ACM, 2000, 44(12): 57-59.

[102] SEN B.Essays on demand externalities and cross-market rewards[D]. City of New Haren: Yale University, 2012: 27.

[103] SIAU K, SHEN Z. Building customer trust in mobile commerce [J]. Communications of the ACM, 2003, 46(4): 91-94.

[104] SINGH J.Understanding the structure of consumers satisfaction evaluations of service delivery [J]. JAMS Journal of the Academy of Marketing Science: Official Publication of the Academy of Marketing Science, 1991, 19(3): 223-224.

[105] SIRDESHMUKH D, SINGH J, SABOL B. Consumer trust, value and loyalty in relational exchanges[J]. Journal of Marketing, 2002, 66(1): 15-37.

[106] SMITH D N, SIVAKUMAR K.Flow and internet shopping behavior: a conceptual model and research propositions [J]. Journal of Business Research, 2004, 57(10): 1199-1208.

[107] TAYLOR S A, BAKER T L. An assessment of the relationship between service quality and customer satisfaction in the formation of consumer's purchase intentions [J]. Journal of Retailing, 1994(67): 163-178.

[108] TAYLOR S A, HUNTER G L. The impact of loyalty with e-CRM software and e-services [J]. International Journal of Service Industry Management, 2002, 13(5): 452-474.

[109] TSE DAVID K, FRANCO M NICOSIA, PETER C WILTON. Consumer satisfaction as a process [J].Psychology & Marketing, 1990, 7(1): 177-193.

[110] TUREL O, A SERENKO. Satisfaction with mobile services in Canada: an empirical investigation [J]. Telecommunications Policy, 2006, 30(5, 6): 314-331.

[111] WANG REBECCA JEN-HUI. Essays on mobile marketing [D].Evanston, Iuinois,

USA: Northwestern University, 2016: 31.

[112] WILLIAMSON O E. Calculativeness, trust, and economic organization[J]. Journal of Law & Economics, 1993(36): 453–486.

[113] WOODRUFF, ROBERT B.Customer value: the next source for competitive advantage[J]. Journal of the Academy of Marketing Science, 1997, 25(2): 139–153.

[114] ZAICHKOWSKY J L. Measuring the involvement construct [J]. Journal of Consumer Research, 1985, 12(3): 314–352.

[115] ZEITHAML V A, BERRY L L, PARASURAMAN A.The behavioral consequences of service quality[J]. Journal of Marketing, 1996, 60(2): 31–46.

[116] ZEITHAML V A, PARASURAMAN A, MALHOTRA A. Service quality delivery through web sites: A critical review of extant knowledge [J]. Journal of Academy of Marketing Science[J], 2005, 34(4): 362–375.